おいしさ長持ち！

食品保存の便利BOOK

食のスタジオ 編

西東社

あの食材も この食材も
本当はもっと長持ち

買ってきた食材をそのまま冷蔵庫に入れるだけ、の保存をしていませんか？
正しい保存をすれば、食材は驚くほど長持ちします。
また節約や時短にもなります。
さあ、この本でかしこい食品保存を始めてみませんか。

もくじ

- 2 あの食材もこの食材も本当はもっと長持ち
- 8 この本の使い方

保存のきほん …10〜24

- 10 食品保存のお悩み解決
- 12 あなたにぴったりな保存法を見つけよう
- 14 基本の保存法をマスター
- 20 おいしく保存する6つのヒント
- 22 冷蔵室・冷凍室の保存ワザ
- 24 保存に便利な道具

食材の保存法 …26〜160

野菜類

- 26 キャベツ
- 28 白菜
- 30 にんじん
- 32 玉ねぎ
- 34 ほうれん草
- 36 小松菜
- 37 チンゲン菜
- 38 じゃがいも
- 40 かぼちゃ
- 42 さつまいも
- 43 里いも
- 44 山いも
- 45 れんこん

Column
- 46 食材を干して使おう

- 48 ごぼう
- 50 トマト
- 52 大根
- 54 かぶ
- 55 なす
- 56 ピーマン・パプリカ
- 57 ブロッコリー・カリフラワー
- 58 きゅうり
- 59 ゴーヤ
- 60 アスパラガス
- 61 セロリ
- 62 オクラ
- 63 さやいんげん・さやえんどう
- 64 枝豆／そら豆
- 65 グリーンピース／スナップえんどう
- 66 きのこ
- 68 たけのこ(水煮)
- 69 もやし
- 70 長ねぎ・小ねぎ
- 71 にんにく
- 72 しょうが

73 みょうが
74 パセリ／みつば
75 青じそ／パクチー
76 バジル
77 ローズマリー／ミント

乾物類

78 ひじき
79 切り干し大根

果物類

80 いちご
81 りんご
82 レモン
83 ゆず
84 オレンジ・グレープフルーツ／みかん
85 バナナ／キウイフルーツ
86 すいか／メロン
87 なし／かき
88 パイナップル／ぶどう
89 ブルーベリー・ラズベリー／アボカド

Column
90 **お手軽冷凍デザート**

桃とクリームチーズのカナッペ
パイナップルシャーベット
マンゴーシェイク
フルーツトライフル

肉類

92 鶏もも肉
93 鶏むね肉
94 豚薄切り肉
95 豚こま切れ肉
96 牛・豚ひき肉
97 鶏ひき肉
98 豚かたまり肉
99 豚厚切り肉
100 牛こま切れ肉
101 牛厚切り肉（カルビ肉・すね肉）
102 鶏ささみ肉
103 鶏手羽先・手羽元
104 鶏レバー
105 ハム／ベーコン／ソーセージ／生ハム

Column
106 **自家製冷凍食品**

ミートボールの甘酢あん／
きんぴらごぼう／もっちりおからの炒り煮／
中華丼の素／チンしてビビンバ／
のり弁／フルーツサンド／
カリカリキャラメル大学いも

魚介類

- 110 あじ
- 111 さんま
- 112 いわし
- 113 さけ
- 114 かじき
- 115 たら
- 116 ぶり
- 117 さば
- 118 まぐろのさく
- 119 いか
- 120 えび
- 121 ゆでだこ
- 122 あさり・しじみ・ほたて
- 123 イクラ／とびっこ
- 124 たらこ・明太子
- 125 あじの開き／ししゃも
- 126 しらす干し／ちりめんじゃこ
- 127 うなぎの蒲焼き／かまぼこ
- 128 ちくわ／さつま揚げ

Column
- 129 **自家製おかずミックス**
  - 残り野菜ミックス
  - 根菜ミックス
  - 肉野菜炒めミックス
  - たらの蒸しものミックス

卵・乳製品

- 130 卵
- 132 チーズ
- 133 ヨーグルト
- 134 牛乳／生クリーム
- 135 バター／マーガリン

大豆製品・こんにゃく

- 136 豆腐／油揚げ
- 137 厚揚げ／高野豆腐
- 138 大豆／おから
- 139 納豆／こんにゃく

調味料

- 140 塩／砂糖／しょうゆ／みそ
- 141 酢／料理酒／みりん／粉末だし
- 142 はちみつ／サラダ油／マヨネーズ／トマトケチャップ
- 143 粒マスタード／レモン果汁／カレールウ／シチュールウ（フレーク状）
- 144 ソース／ドレッシング／焼き肉のたれ／チューブの薬味
- 145 スパイス（粉）／スパイス（ホール）／ごま／ナッツ

穀類・その他

- 146 にぼし／かつおぶし／ジャム／ピーナッツバター
- 147 コーヒー（レギュラー）／コーヒー（インスタント）／茶葉／お茶パック
- 148 米・ごはん
- 149 うどん／中華蒸し麺
- 150 その他乾麺／その他生麺

Column
- 151 **具入り冷凍パスタソース**
  - トマトとなすのミートソース
  - ささみといんげんのバジルソース
  - マッシュルームとえびのクリームソース

- 152 食パン・フランスパン
- 153 シリアル／ホットケーキ
- 154 切り餅／ぎょうざの皮・春巻きの皮
- 155 小麦粉／パン粉
- 156 ケーキ
- 158 和菓子（まんじゅう・どら焼き・おはぎ・練りきり）
- 159 その他のお菓子（ゼリー・プリン・ドーナッツ）

160 自家製保存食

揚げじゃこ／ミックスきのこなめたけ／福神漬け／昆布の佃煮／自家製ツナ／自家製コンビーフ／かきのオイル漬け／ドライトマトとクリームチーズのオイル漬け／トマトケチャップ／みかんこしょう／丸ごとりんごのコンポート／ミルクジャム

- 166 食材保存マップ
- 168 食材別保存法早見表
- 172 食材、目的別50音さくいん

この本のきまり

- 保存期間は目安であり、ご家庭の保存状態によっても変わります。食べる前に状態を確認してください。
- 食品が傷みやすい梅雨時や夏場は、食品の取り扱いに気をつけ、常温で解凍するのは避けたほうが無難です。
- 小さじ1は5㎖、大さじ1は15㎖、1カップは200㎖です。1合は180㎖です。
- 電子レンジ加熱の加熱時間は600Wを目安にしています。
- 電子レンジ、グリル、オーブンは機種によって加熱時間に差があります。表示時間を目安に、様子を見ながら調節してください。

この本の使い方

1 食材の保存法
適した保存には ○、あまり適さないものには △、適さないものには ✕ で表しています。

2 食材の選び方
新鮮なものを見分けるポイントを紹介しています。

3 保存場所と保存期間
ここで紹介している保存法での、保存場所と保存期間を表示しています。

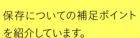

使い道から探せる！（P12）

4 保存MEMO
保存についての補足ポイントを紹介しています。

5 こう使う！
使い方の例を紹介しています。

6 アレンジ
「すぐ食べ」にひと手間加えたアレンジ法を紹介しています。

保存のきほん

- 食品保存のお悩み解決 …… P10
- あなたにぴったりな保存法を見つけよう …… P12
- 基本の保存法をマスター …… P14
- おいしく保存する6つのヒント …… P20
- 冷蔵室・冷凍室のかしこい保存ワザ …… P22
- 保存に使う道具 …… P24

これで大丈夫! 食品保存のお悩み解決

気づいたら食材をダメにしていたり、せっかく保存したのにもてあましてしまったり…。そんなお悩みも、この本なら解決できます。

とりあえず冷蔵庫に入れちゃって気がついたらダメに…

最適な保存方法を知ろう

食材によっては、ただ冷蔵・冷凍するだけではすぐにダメになってしまうものもあります。この本なら最適な保存方法がひと目で分かります。

point 1 大きな写真で見やすい

point 2 使い方のヒントもわかる

point 3 わかりやすいアイコン

保存のコツも写真でつかめる!

冷凍したはいいけれど
うまく使いきれずダメにすることも…

保存のしかたを変えてみよう

保存するときに、その後の使い道を考えて使い道に合わせた保存をするとムダがなくなります。この本では使い道に合わせた保存法が選べます。

そのまま	長持ち	味つけ	すぐ食べ

くわしくは**次のページ**へ

こんなお悩みも解決！

衛生面が心配…

P20〜21
「おいしく保存する6つのヒント」へ

冷蔵庫がぐちゃぐちゃ…

P22〜23
「冷蔵室・冷凍室の保存ワザ」へ

4つのタイプから あなたにぴったりな保存法を見つけよう

保存のしかたは、実はひとつではありません。
使い道に合った、おいしい保存法をマスターしましょう。

この本では4タイプの保存法を紹介しています

この本では1つの食材につき、その後の使い道に合わせた「そのまま」「長持ち」「味つけ」「すぐ食べ」の4つに分けて解説しています。

※ 調味料や嗜好品などは、おすすめの保存法が1タイプだけの場合もあります。

❶ そのまま

そのまま丸ごと保存

こんなとき、こんな人におすすめ

- ☑ とにかくすぐに手間なく、丸ごと保存したい
- ☑ どんな料理に使うかまだ決めていない
- ☑ いろいろな料理に使いたい

❷ 長持ち

切って小分けにして冷凍

こんなとき、こんな人におすすめ
- ☑ 保存して長く使いたい
- ☑ 小分けにしてちょっとずつ使いたい
- ☑ 切る手間を一度にして時短したい

❸ 味つけ

味つけ済みで解凍＋加熱して食べられる（肉・魚のみ）

こんなとき、こんな人におすすめ
- ☑ 調理の手間を減らしたい
- ☑ おいしいまま長く保存したい
- ☑ まとめ買いしても飽きずに食べたい

❹ すぐ食べ

すぐ食べられる保存法 アレンジも自在

こんなとき、こんな人におすすめ
- ☑ 作りおきで毎日ラクしたい
- ☑ お弁当のおかずとして使いたい

これでばっちり！ 基本の保存法をマスター

食材をムダなくおいしく長持ちさせるには、適した温度、適した場所での保存が大切です。
「常温」「冷蔵」「冷凍」の基本の3つの保存法をマスターしましょう。

常温　冷やさないほうがよい食材を覚える

低温に弱い食材を保存するのに適しています。

乾物類や茶葉、一部の果物

常温　15〜25℃

直射日光が当たらない、湿気の少ない場所で、室内の日の当たりにくい場所のこと。湿気を好まない乾物や熟す必要がある果物などの保存に。

こんなものに
- 熟していない果物（アボカド、バナナなど）
- 茶葉
- 乾物類

根菜やいも類、調味料

冷暗所　1〜14℃

常温の中でも、よりひんやりとした場所を指す。シンクの下やキッチンにある戸棚など、通気性がよく、日の当たらない涼しい場所。根菜や調味料などの保存に適す。

こんなものに
- 白菜、長ねぎ、玉ねぎ
- 根菜、いも
- ピーマン、パプリカ
- 調味料（塩、砂糖、しょうゆなど）

※ 温度や日当たりは季節や地域、住まいによっても大きく変わります。
※ カットした野菜や足の早い食材、夏場などは野菜室に入れましょう。

保存法　乾燥を防ぐのがコツ

包む、容器に入れるなどして、温度や湿度を保ちます。

丸い形のいも

段ボール箱に入れる

じゃがいもや里いもなどは水分をふき、新聞紙を敷いた段ボール箱に並べる。さらに新聞紙をかぶせるとよい。

細長い形のいも

新聞紙＋保存袋

長いも、さつまいもなどは1本ずつ新聞紙などに包んで保存袋に入れる。カットしたものや夏場には野菜室に。

背の高い野菜

立てる

泥つきの長ねぎやごぼうなどは新聞紙で包み、紙袋に立てて保存する。

丸っこい野菜

新聞紙に包む

ピーマンやパプリカなどは1つずつ新聞紙に包んで保存する。

乾燥した野菜

つるす

玉ねぎやニンニクなどは、ネットなどに入れて風通しの良い場所につるす。

調味料

容器に入れる

塩や砂糖は密閉容器に移し替える。しょうゆなどの開栓前の調味料は、そのままでよい。

 # 入れる場所を上手に使い分ける

冷蔵庫は場所によって温度が違います。食材によって入れる場所を使い分けましょう。

卵・乳製品、一部の野菜や調味料

冷蔵室 0〜5℃

多くの食品はここで保存しておけば大丈夫。葉野菜や茎野菜、きのこなどは、野菜室よりも冷蔵室のほうが長持ちする。

こんなものに
- 豆腐、納豆
- 卵、乳製品
- 葉野菜、茎野菜、きのこ
- 開栓した調味料（しょうゆ、みそ）
- 小麦粉など

夏野菜や果物

野菜室 5〜10℃

冷蔵室より温度がやや高め。トマトやきゅうり、なすなどの、夏に旬を迎える野菜や果物の保存に適している。

こんなものに
- トマトやきゅうり、なすなどの夏野菜
- アスパラガス、とうもろこし、ゴーヤなど夏に旬を迎える野菜
- 果物

肉、魚、加工食品

チルド・パーシャル チルド 0℃ / パーシャル -3℃

チルドは冷蔵室より低く冷凍より高い温度で、肉や魚介類などの保存に適している。パーシャルは表面のみ凍る温度で、生鮮食品がより長持ちする。

こんなものに
- 鶏肉、豚肉、牛肉
- 刺身、鮮魚
- ハム、ソーセージ、練り物

保存法 食材に合わせて道具を使い分ける

なるべく水けをとって、空気から遮断させましょう。

ほとんどの野菜・肉
ペーパータオルと保存袋
ペーパータオルや新聞紙で包み、余分な水分を除き、保存袋で乾燥を防ぐことが保存の基本。

カットしたもの・果物
ラップや保存袋に包む
切り口をラップでぴったりと包み、保存袋に入れると、みずみずしさが保てる。

卵やマーガリン・ヨーグルト
パッケージのまま
においがつかないように、パッケージのまましっかりとふたを閉めて保存する。

芯のある野菜
芯をくりぬく
包丁の先で芯をくりぬき、水でぬらしたペーパータオルを丸めて詰める。新聞紙に包むか、保存袋に入れる。

葉野菜や茎野菜
立てる
土から空に向けて成長する野菜は、保存袋に入れ、立てて保存。倒れないようケースを使うと便利。

魚
ふいてラップに包む
切り身は水けをペーパータオルでしっかりふき、ラップで包み保存袋に入れる。一尾魚もさばいて洗ったら同様にする。

冷凍と解凍のコツをおさえる

一部凍らせられない食材もありますが、他の保存法より長期保存できます。

ほぼ何でも保存OK

冷凍室　-18°C

凍らせることで雑菌の繁殖が抑えられ、劣化も防げるため、生鮮食品を中心に多くの食品の保存ができる。

冷凍NGのもの
- レタス、水菜、小松菜
- ゆで卵
- 豆腐、こんにゃく
- 生のじゃがいも、さつまいもなど
- マヨネーズ
- ビールなどの炭酸飲料

＊豆腐やこんにゃくは冷凍すると食感が変わるが、食べられる

保存法　劣化を防ぎ短時間で凍らせる

下ごしらえをしたり味つけをすると、よりおいしさが保てます。

いも類や葉野菜

加熱する

「ゆでる」「蒸す」「電子レンジにかける」など、加熱してから冷凍する。殺菌・変色防止になり、おいしく保存できる。

水分の少ない野菜など

小さく切る

ごぼうやきのこなど水分の少ないものや、加熱しづらいものは生のまま冷凍する。小さく切る、ほぐすなど下ごしらえをして短時間で凍らせる。

肉・魚

氷水にくぐらせる 下味をつける

肉や魚は氷水に軽くぐらせてから冷凍すると表面に水の膜ができ、鮮度が保ちやすくなる。調味料で下味をつけてもよい。

解凍法 — 使う料理や食材によって方法を変える

おいしく食べるために、最適な方法で上手に解凍しましょう。

肉・魚（ゆっくり解凍）

冷蔵室でゆっくり解凍

時間があるときは冷蔵かチルドにおいてじっくり解凍する。ゆっくり溶けるので、ドリップも少ない。肉・魚以外でも。

肉・魚（急ぐとき）

流水で解凍

時間がないときは保存袋のまま流水をあてながら解凍する。ときどき上下を入れ替えながらまんべんなく流水にあてるのがコツ。

お弁当のおかず

常温で解凍する

調理済みのおかずは、常温に戻してからお弁当に加える。そのとき、ごはんや他のおかずも冷ましておく。ただし夏場は避けること。

スープや煮込み料理で使う野菜

凍ったまま煮る

汁もの料理に使う切った野菜は、凍ったまま調理ができる。沸騰させた煮汁に加えるのがコツ。

汁けの少ない料理・食材

レンジで解凍

炒めものなどの汁けの少ない料理や食材は、電子レンジで全解凍や半解凍にする。加熱時間は注意して。

◎ 解凍時の注意点

冷凍した食材は解凍をしたとたんに雑菌が繁殖を始める。特に肉や魚、生の野菜・果物には注意しよう。

POINT

- 解凍した食材は**すぐ使う**
- 残った食材は**再冷凍しない**
- 解凍ででた**ドリップは捨てる**

衛生面もばっちり！ おいしく保存する6つのヒント

保存するときのポイントはこの6つ。
おいしく保存できるだけでなく、衛生面にもかかわるコツです。

1 新鮮なうちに保存

`常温` `冷暗所` `冷蔵室` `冷凍室`

保存するものは、新鮮なうちに仕込むのが理想。「下ゆでをする」「下味をつける」「味つけをする」などの調理をしておくと、より長く保存できる。

2 水けをふく

`常温` `冷蔵室` `冷凍室`

生魚は特に、ペーパータオルで水けをしっかりぬぐい、上からラップでぴったりと空気を抜きながら包む。表面に水分が残っていると、劣化がすすみ保存期間が短くなる。野菜も同様に水けをとる。

3 空気を抜く

`冷蔵室` `冷凍室`

保存袋や容器の空気はしっかり抜いてから保存する。空気に触れると食材が酸化して味が落ちたり、腐敗するおそれがある。ストローで空気を吸い出すと、より密封できるのでおすすめ。

4 素早く凍らせる

❄ 冷凍室

鮮度を保つには急速冷凍がポイント。「小分けにする」「薄く広げる」「重ねない」「金属バット等にのせる」などの工夫をすると、凍るまでの時間が短縮できる。

これでおいしく食べられるね

5 日付を書く

💧 冷蔵室　❄ 冷凍室

食材名と日付を記入したり、シールに書いて袋に貼ったりしておくとよい。保存したまま忘れずにすむ。

6 加熱したら冷ます

💧 冷蔵室　❄ 冷凍室

加熱をしたものは、完全に冷ましてから保存する。冷ますときは、ときどきかき混ぜたりして空気を入れ替えると早い。

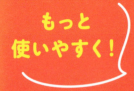

冷蔵室・冷凍室の保存ワザ

もっと使いやすく！

正しく保存するには冷蔵庫のレイアウトも大切。
使いやすく整理するヒントを紹介します。

冷蔵室

ぎゅうぎゅう詰めにしない
詰めすぎると冷気がまんべんなく行き渡らないので、基本的には5〜7割程度の容量を保つとよい。

ポケットには調味料を
ドアの開閉があるので、ポケット部分は温度による影響を受けにくい調味料を立てて入れるとよい。

卵、牛乳はポケット以外に
卵、牛乳は温度変化で悪くなりやすいので、冷蔵室の奥に入れる。牛乳は開封したらなるべく早く飲みきる。

空きスペースを作っておく
鍋ごと入れられるくらいのスペースを常にあけておくと使い勝手がよい。

冷凍室

仕切りで自分ルールを作る
冷凍室は4つくらいのエリアに分けておくと、食品を探しやすい。

立てて保存する
保存袋や平たい保存容器は、立てて保存すると何が入っているか見やすい。

ぎゅうぎゅう詰めにする
凍った食品自体が保冷剤の働きをし、お互いを冷やし合うため、すき間なくぎっちりと食品を詰め込んだほうが冷却効果がよくなる。

作りおき / 冷凍食品 / 早く使う / よく使う

野菜室

大きめのスペースを確保
白菜やキャベツなど大きめの野菜をそのまま入れられるようにしておく。

土付きのものは紙袋で
じゃがいもや里いもなどの土つきのものは、紙袋に入れる。

立てやすいケースを入れて
長ねぎなど立てて保存するとよい野菜は、立てやすいケースに入れておく。

あると便利！ 保存に便利な道具

食品をおいしく長持ちさせるためには、乾燥や酸化を防いで適正な温度や湿度を保つことが大切です。そのために役立つアイテムをご紹介します。

ペーパータオル、新聞紙

温度や湿度を保つために食材を包んで使う。大きい野菜をまるごと包むときは新聞紙がおすすめ。ペーパータオルは、余分な水けをふき取るときにも役立つ。

密閉容器

空気を通しにくい材質で密閉力に優れている。また、電子レンジ対応のものなら、そのまま加熱できるので便利。

保存袋

野菜をまるごと保存するときに使う。また空気に触れさせた方がいい食材の場合に適している。

野菜の冷蔵などに　ビニール

肉・野菜の冷凍などに　チャックつき

切った野菜や調理した食材、冷凍する食材を保存するときに使う。密封できるので、食材のにおい移り、乾燥や酸化なども防ぐことができる。

ストロー

保存袋の空気を抜いてぴっちりと密封するのに便利。袋の端に差し込み、空気を吸い出す。

ラップ

食品の小分けに使う。大小2種類そろえておくと便利。

スタンドケース

立てて保存しておく野菜などを入れる。冷蔵庫内に1つ入れておくと便利。

食材の保存

 野菜類 …… P26

 卵・乳製品 …… P130

 乾物類 …… P78

 大豆製品・こんにゃく …… P136

 果物類 …… P80

 調味料 …… P140

 肉類 …… P92

 穀類・その他 …… P146

 魚介類 …… P110

キャベツ

常温 ◯ （冷暗所）　冷蔵 ◯　冷凍 ◯

選び方
☑ 緑がつややか
☑ 葉にハリがある
☑ 芯の切り口がみずみずしい

そのまま

新聞紙などに包んで冷蔵

💧 冷蔵室　2週間

芯をくりぬき、水でぬらしたペーパータオルを丸めて詰める。新聞紙などに包み、冷蔵する。

保存MEMO

冷暗所での保存は3、4日。カットされたものは常温保存には向かないので、ラップに包んで冷蔵保存する。断面から傷みやすいので、1週間ほどで使いきる。

長持ち

ひと口大に切って冷凍

❄ 冷凍室　1か月

ひと口大に切って、保存袋に入れて冷凍する。

こう使う！

汁もの・鍋ものに

● 凍ったまま、みそ汁や鍋ものに加える

野菜類 ▶ キャベツ

ゆでて冷凍

❄ 冷凍室 | 1か月

ひと口大に切る。さっとゆでて水けをふき取り、冷めたら小分けにしてラップに包み、保存袋に入れて冷凍する。

サラダ・あえものに
- 大根と合わせてサラダに
- ポン酢しょうゆ、かつお節をかけてあえものに

長持ち

ザワークラウトにして冷蔵

💧 冷蔵室 | 1〜2か月

1/2個（400g）をせん切りにし、塩小さじ1、クミンシード小さじ1/2を加えてもむ。瓶に詰めて重しをし、常温で4、5日おく。そのまま冷蔵できる。

- ポトフや野菜スープに加える
- つぶしたじゃがいも、マヨネーズとあえる

すぐ食べ

塩もみして冷凍

❄ 冷凍室 | 1か月

1/2個（400g）をせん切りにし、塩小さじ1を加えてもむ。小分けにしてラップに包んだら、保存袋に入れて冷凍する。

- いりごまとごはんと合わせて混ぜごはんにする
- 甘酢を加えて酢のものにする

すぐ食べ

白菜

常温 ○（冷暗所）　冷蔵 ○　冷凍 ○

選び方
☑ 巻きがしっかりしている
☑ ずっしりと重い
☑ 芯の切り口がみずみずしい

そのまま

新聞紙などに包んで冷蔵

💧 冷蔵室　1か月

丸ごと新聞紙などに包み、冷蔵する。

保存MEMO
冷暗所での保存は2週間。カットされたものは常温保存には向かないのでラップに包んで冷蔵する。断面から傷みやすいので、1週間ほどで使いきる。

長持ち

ざく切りにして冷凍

❄ 冷凍室　1か月

ざく切りにして、保存袋に入れて冷凍する。

汁もの・鍋ものに
- 凍ったまま、スープや鍋ものに加える

野菜類 ▶ 白菜

ゆでて冷凍

❄️ 冷凍室 ▶ 1か月

細切りにしてさっとゆでる。水けをふき取り、小分けにしてラップに包んだら、保存袋に入れて冷凍する。

サラダ・あえものに

- 桜えびとポン酢しょうゆをかけてサラダに
- マヨネーズとしょうゆとあえる

炒めて冷凍

❄️ 冷凍室 ▶ 1か月

1/4個(380g)を食べやすく切る。ごま油大さじ1でさっと炒め、しょうゆ大さじ1、酒大さじ1と1/2、砂糖大さじ1/2を加えて炒める。小分けにしてラップに包んだら、保存袋に入れて冷凍する。

- 蒸し鶏やゆで豚などを加えてあえる
- 凍ったまま、鍋の具に加える

塩もみして冷凍

❄️ 冷凍室 ▶ 1か月

1/4個(380g)を1cm幅の細切りにする。塩小さじ1を加えてもみ、小分けにしてラップに包んだら、保存袋に入れて冷凍する。

- ゆずの皮、切り昆布などを加えてあえる
- チャーハンの具にする

にんじん

常温 ○（冷暗所）　冷蔵 ○　冷凍 ○

選び方
- ☑ オレンジ色が鮮やか
- ☑ ハリとツヤがある
- ☑ 葉のつけ根の切り口が小さい

そのまま

新聞紙などに包んで冷蔵

💧 冷蔵室　2週間

水けをふき取り、新聞紙などに包んで冷蔵する。立てて保存すると、より長持ちする。

保存MEMO
冷暗所の保存は1週間。切ったものはラップに包んで、保存袋に入れ冷蔵する。乾燥したり、変色しやすいので、2、3日で使いきる。

長持ち

いちょう切りにして冷凍

❄ 冷凍室　1か月

薄くいちょう切りにする。保存袋に入れて冷凍する。

こう使う！

炒めもの・汁ものに
- 凍ったまま、きんぴらなどの炒めものに
- 凍ったまま、みそ汁に加える

大きく切ると食感が悪く、青臭くなる。

せん切りにして冷凍

冷凍室 **1か月**

せん切りにする。小分けにしてラップに包み、保存袋に入れて冷凍する。

あえもの・炒めもの・汁ものに

- 明太子などとあえる
- 凍ったまま、炒めものやスープに加える

長持ち

ゆでて冷凍

冷凍室 **1か月**

乱切りにしてかためにゆでる。水けをふき取り、保存袋に入れて冷凍する。

煮ものに

- 凍ったまま、肉じゃがやカレーの具に加える

長持ち

塩きんぴらにして冷凍

冷凍室 **1か月**

2本(400g)を細切りにする。ごま油大さじ1で炒め、酒大さじ2、塩小さじ1を加える。すりごま大さじ1を加える。保存袋に入れて冷凍する。

- わかめなどを加えてあえる
- ビビンバやチャーハンの具に

すぐ食べ

玉ねぎ

常温 ○ （冷暗所）　冷蔵 ○　冷凍 ○

選び方
- ☑ 皮にツヤがある
- ☑ 上部がかたく締まっている
- ☑ 芽や根が出ていない

そのまま

ネットに入れて冷暗所につるす

🗄 冷暗所　2か月

ネットに入れて、風通しのいい冷暗所でつるして保存する。
水分の多い新玉ねぎは、新聞紙などに包み、保存袋に入れて冷蔵する。保存期間は1週間。

保存MEMO
半分だけ使って残りを保存したいときは、皮ごとカットする。皮つきのまま切り口にラップをし保存袋に入れて冷蔵する。3、4日で使いきる。

長持ち

薄切りにして冷凍

❄ 冷凍室　1か月

薄切りにする。保存袋に入れて冷凍する。

あえもの・汁ものに
- キムチやまぐろなどとあえる
- 凍ったまま、スープに加える

野菜類 ▶ 玉ねぎ

炒めて冷凍

❄ 冷凍室 ▶ 1か月

薄切りにして、フライパンにサラダ油をひき、きつね色になるまで炒める。保存袋に入れて冷凍する。

汁もの・煮ものに

- 凍ったまま、スープやカレーなどに加える

長持ち

オーブンで焼いて冷凍

❄ 冷凍室 ▶ 1か月

2cm厚さの輪切りにして、200℃のオーブンでこんがり焼き目がつくまで20〜25分焼く。塩少々をふり、くっつかないように保存袋に入れて冷凍する。

煮もの・焼きものに

- 凍ったまま、カレーやシチューなどの具に加える
- チーズやソースをかけて焼く

すぐ食べ

漬けて冷蔵

💧 冷蔵室 ▶ 10日

2個分をみじん切りにする。酢¼カップ、砂糖大さじ1、塩小さじ⅔で作った甘酢に漬ける。保存袋に入れて冷凍する。

アレンジ

- 薄切りのトマトにのせてサラダにする
- ポテトサラダに混ぜる

すぐ食べ

ほうれん草

常温 ○（冷暗所）　冷蔵 ○　冷凍 ○

選び方
- ☑ 葉が青々としている
- ☑ 葉にピンとハリがある
- ☑ 根元がしっかりとして太い

そのまま

ペーパータオルなどに包んで冷蔵

💧 冷蔵室 ▶ 1週間

5分くらい水に浸けて、シャキッとさせる。水けをよくふき取り、ペーパータオルなどで根元を包み、保存袋に入れて冷蔵する。立てて保存するとより長持ちする。

保存MEMO
冷暗所での保存は1、2日。切ったものは乾燥しやすく、冷蔵ではあまり日持ちしない。冷凍保存がおすすめ。

長持ち

ざく切りにして冷凍

❄ 冷凍室 ▶ 1か月

5分くらい水に浸けて、シャキッとさせる。ざく切りにしたら水けをふき取り、保存袋に入れて冷凍する。

こう使う！

煮もの・汁ものに
- 凍ったまま、クリーム煮の具に
- 凍ったまま、みそ汁に加える

ゆでて冷凍

冷凍室　1か月

かためにゆでて水けを絞り、4cm長さに切る。小分けにしてラップに包む。保存袋に入れて冷凍する。

あえもの・トッピングに

- いりごまとあえる
- ラーメンなどにトッピングする

長持ち

炒めて冷凍

冷凍室　1か月

2束(600g)を4cm長さに切ってしっかり水にさらす。バター、オリーブ油各大さじ1で炒めて塩小さじ¼をふる。小分けにしてラップに包み、保存袋に入れて冷凍する。

- パスタやオムレツの具にする
- コーン缶やツナ缶などとあえる

すぐ食べ

ごまあえにして冷凍

冷凍室　1か月

2束(600g)をかためにゆでて水けを絞り、4cm長さに切る。白いりごま大さじ2、和風だしの素(顆粒)小さじ1、砂糖大さじ1を混ぜる。小分けにしてラップに包み、保存袋に入れて冷凍する。

- 崩した豆腐とあえて白あえ風に
- オムレツや卵焼きの具にする

すぐ食べ

小松菜

常温 ○（冷暗所）　冷蔵 ○　冷凍 ○

選び方
- ☑ 葉が肉厚で丸まっている
- ☑ 茎はピンとハリがある
- ☑ 根元がしっかりしている

そのまま

ペーパータオルなどに包んで冷蔵

💧 冷蔵室　1週間

5分くらい水に浸けてシャキッとさせる。水けをよくふき取り、ペーパータオルなどで根元を包んで、保存袋に入れて冷蔵する。立てて保存するとより長持ちする。

保存MEMO
冷暗所での保存期間は1、2日。買ったばかりのものは、水分が失われている。長期間保存ができるよう、しっかりと水を吸収させて。

長持ち

ざく切りにして冷凍

❄ 冷凍室　1か月

5分くらい水に浸けてシャキッとさせる。ざく切りにして水けをよくふき取り、保存袋に入れて冷凍する。

炒めもの・汁ものに
- 凍ったまま、ハムと炒める
- 凍ったまま、みそ汁に加える

すぐ食べ

炒めて冷凍

❄ 冷凍室　1か月

1束(300g)をかために塩ゆでして水けを絞り、3cm長さに切る。サラダ油大さじ2で炒め、酒大さじ1、桜えび大さじ3、塩少々を加える。小分けにしてラップに包み、保存袋に入れて冷凍する。

アレンジ
- 刻んでごはんと混ぜ合わせる
- 春巻きの具にする

チンゲン菜

常温 ○（冷暗所）　冷蔵 ○　冷凍 ○

選び方
- ☑ 葉が濃い緑色で肉厚
- ☑ 茎はふっくらと厚い
- ☑ 根の切り口がきれい

そのまま

ペーパータオルなどに包んで冷蔵

💧 冷蔵室　1週間

5分くらい根元を水に浸けてシャキッとさせる。水けをよくふき取り、ペーパータオルなどで根元を包み保存袋に入れて冷蔵する。立てて保存するとより長持ちする。

保存MEMO
冷暗所での保存は1、2日。横に寝かせて保存をすると、上に伸びようと余計なエネルギーを使ってしまい、鮮度が落ちやすい。

長持ち

切って冷凍

❄ 冷凍室　1か月

5分くらい根元を水に浸けてシャキッとさせる。茎は食べやすく切り、葉はざく切りにして水けをよくふき取る。それぞれ保存袋に入れて冷凍する。

こう使う！

炒めもの・汁ものに
- 凍ったまま、桜えびと炒める
- 凍ったまま、スープやみそ汁に加える

すぐ食べ

炒めて冷凍

❄ 冷凍室　1か月

2株(300g)をざく切りにしてごま油大さじ1でさっと炒め、酒大さじ1、塩小さじ1/3をふり、水けをとばす。小分けにしてラップに包み、保存袋に入れて冷凍する。

アレンジ
- ツナとあえる
- 卵といっしょに炒め合わせる

じゃがいも

常温 ○	冷蔵 ○	冷凍 ○
(冷暗所)	(野菜室)	

選び方
- ☑ かたく締まってハリがある
- ☑ 芽が出ていない
- ☑ 緑色に変色していない

そのまま

新聞紙などに包んで冷暗所

🧊 冷暗所 ▶ 2〜3か月

新聞紙などに包むか、紙袋に入れて冷暗所で保存する。

保存MEMO
野菜室での保存は6か月。りんごといっしょに保存すると、りんごから出るエチレンガスがじゃがいもの芽がでるのを防いでくれる。

長持ち

輪切りにして冷凍

❄ 冷凍室 ▶ 1か月

薄い輪切りにし、水にさらしてアクを抜いてから、ペーパータオルでしっかり水けをふき取る。保存袋に入れて冷凍する。

厚いと食感が悪くなるので、薄く切る。

こう使う！

サラダ・汁ものに
- ゆでてつぶしてポテトサラダにする
- 凍ったまま、スープやみそ汁に加える

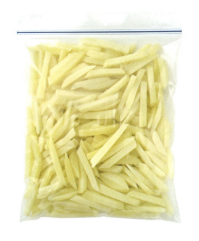

ゆでて冷凍

🧊 冷凍室　1か月

4個(500g)の皮をむいて細切りにして水にさらし、熱湯で5分ほどゆでる。水けをよくふいて保存袋に入れて冷凍する。

揚げもの・焼きものに

- 凍ったまま揚げて、フライドポテトに
- チーズをかけて焼く

長持ち

マッシュポテトにして冷凍

🧊 冷凍室　1か月

4個(500g)の皮をむいてゆでてつぶし、塩小さじ⅓、こしょう少々を混ぜる。小分けにしてラップに包み、保存袋に入れて冷凍する。

 アレンジ

- ハムを混ぜてポテトサラダに
- 温めた牛乳でのばし、ポタージュスープに

すぐ食べ

いももちにして冷凍

🧊 冷凍室　1か月

4個(500g)の皮をむいてゆでてつぶし、塩、こしょう各少々、片栗粉大さじ1と½を混ぜる。10等分にして成形し、両面を焼く。ラップに包み保存袋に入れて冷凍する。

 アレンジ

- みたらしあんをからめる
- チーズとケチャップをかけてピザ風に

すぐ食べ

かぼちゃ

常温 ○	冷蔵 ○	冷凍 ○
（冷暗所）	（野菜室）	

選び方
- ☑ 緑色が濃くずっしりと重い
- ☑ 形が左右対称
- ☑ カット品は黄色が濃いもの

そのまま

ラップに包んで野菜室

野菜室　1週間

種とワタを除き、切り口にラップをして野菜室で保存する。

保存MEMO

丸ごとならば、新聞紙などで全体を包み、冷暗所で2〜3か月保存できる。

長持ち

薄切りにして冷凍

冷凍室　1か月

皮つきのまま薄切りにする。保存袋に入れて冷凍する。

こう使う！

炒めもの・汁ものに
- 凍ったまま、ベーコンと炒める
- 凍ったまま、みそ汁に加える

ゆでて冷凍

❄ 冷凍室　1か月

2cm大に切る。フライパンに入れ、ひたひたの水を加えてふたをして、箸が通るまで加熱する。保存袋に入れて冷凍する。

サラダ・煮ものに
- あたためてホットサラダに
- しょうゆと砂糖の煮ものに

長持ち

甘煮にして冷凍

❄ 冷凍室　1か月

¼個(400g)を食べやすい角切りにする。水½カップ、砂糖大さじ2、しょうゆ小さじ2、塩ひとつまみといっしょに鍋に入れて、弱火で20分ほど煮汁がなくなるまで煮る。保存袋に入れて冷凍する。

- つぶしてマヨネーズを混ぜる
- チーズをのせて焼く

すぐ食べ

つぶして冷凍

❄ 冷凍室　1か月

¼個(400g)を薄切りにしてゆでつぶす。塩小さじ⅓、こしょう少々をふって混ぜ、小分けにしてラップに包む。保存袋に入れて冷凍する。

- 丸めてフライ衣をつけて揚げ、かぼちゃコロッケに
- 温めた牛乳とのばし、ポタージュスープにする

すぐ食べ

さつまいも

常温 ○	冷蔵 ○	冷凍 ○
（冷暗所）	（野菜室）	

選び方
- ☑ 皮にツヤ、ハリがある
- ☑ 重みがあり、丸々としている
- ☑ ひげ根が少ない

そのまま

新聞紙などに包んで野菜室

🍅 野菜室　1〜2か月

1本ずつ新聞紙などに包み、保存袋に入れて野菜室で保存する。

保存MEMO
冷暗所では1か月だが、気温が20℃を超えると芽が出やすくなる。切ったものはラップに包んで、保存袋に入れて野菜室へ。1週間ほどで使いきる。

長持ち

輪切りにして冷凍

❄ 冷凍室　1か月

輪切りにして水にさらし、アクを抜く。水けをふき取り、保存袋に入れて冷凍する。

こう使う！ 煮もの・炒めものに
- 凍ったまま、レモンと合わせて甘煮にする
- 凍ったまま、バターで炒める

すぐ食べ

マッシュして冷凍

❄ 冷凍室　1か月

1本（300g）の皮をむいて輪切りにし、水にさらす。ラップに包み電子レンジ（600W）で6分加熱後つぶす。砂糖大さじ2、バター30gを混ぜ小分けにしてラップに包んで、保存袋に入れて冷凍する。

アレンジ
- 成形し、焼いてスイートポテトにする
- ハムなどを加えてマヨネーズであえる

里いも

常温 ○（冷暗所）　冷蔵 ○（野菜室）　冷凍 ○

選び方
- ☑ 泥に適度な湿り気がある
- ☑ みっちりとかたい
- ☑ 皮にひび割れがない

そのまま

段ボール箱に入れて冷暗所

🧊 冷暗所　1か月

段ボール箱などに新聞紙を敷き、泥つきのまま入れて新聞紙をかぶせる。ふたは閉じないで冷暗所で保存する。

保存MEMO
低温が苦手なため、冷蔵するなら野菜室で保存する。2か月を目安に使いきるように。

長持ち

輪切りにして冷凍

❄ 冷凍室　1か月

皮をむいて輪切りにする。変色しないうちに保存袋に入れて冷凍する。

煮もの・汁ものに
- 凍ったまま、煮ものにする
- 凍ったまま、みそ汁に加える

すぐ食べ

漬けて冷凍

❄ 冷凍室　1か月

10個(500g)の皮をむき、ひたひたのだし汁で竹串が通るまで煮る。めんつゆ（3倍濃縮）大さじ4、里いもの煮汁120mlとともに保存袋に入れて冷凍する。

アレンジ
- 明太子とあえる
- 豚バラ肉といっしょに甘みそ炒めにする

山いも

常温 ○（冷暗所）　冷蔵 ○　冷凍 ○

選び方
- ☑ 表皮にハリがある
- ☑ 切り口が変色していない
- ☑ 傷や凹みがない

そのまま

新聞紙などに包んで冷蔵

💧 冷蔵室　2か月

新聞紙などに包んで、保存袋に入れて冷蔵する。

保存MEMO
冷暗所での保存は1か月。切ったものは切り口にラップをし、新聞紙などに包み、保存袋に入れて冷蔵する。1か月を目安に使いきる。

長持ち

細切りにして冷凍

❄ 冷凍室　1か月

皮をむいて細切りにする。保存袋に入れて冷凍する。

あえもの・汁ものに
- オクラと合わせて梅肉であえる
- 凍ったまま、みそ汁に加える

すぐ食べ

すりおろして冷凍

❄ 冷凍室　1か月

300gをすりおろして、和風だしの素（顆粒）小さじ½、しょうゆ小さじ½で味をつけ、小分けにしてラップに包んで保存袋に入れて冷凍する。

アレンジ
- そばやうどんのトッピングに
- お好み焼きの生地に加える

れんこん

常温 ○（冷暗所） 冷蔵 ○ 冷凍 ○

選び方
- ☑ 丸々として重量感がある
- ☑ 穴や切り口が変色していない
- ☑ 皮にハリがある

そのまま

新聞紙などに包んで冷蔵

冷蔵室 / 1週間

新聞紙などに包み、保存袋に入れて冷蔵する。立てて保存するとより長持ちする。

保存MEMO
冷暗所での保存は2、3日。切ったものは切り口にラップをし、新聞紙などに包み保存袋に入れて冷蔵する。3、4日を目安に使いきる。

長持ち

半月切りにして冷凍

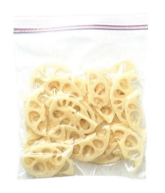

冷凍室 / 1か月

皮をむいて半月切りにする。保存袋に入れて冷凍する。

炒めもの・煮ものに
- 凍ったまま、きんぴらにする
- 凍ったまま、にんじんやこんにゃくなどと煮る

すぐ食べ

ゆでて冷凍

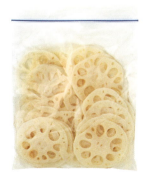

冷凍室 / 1か月

300gを薄い輪切りにして酢水にさらして、さっとゆでる。すし酢¼カップをからめたら小分けにしてラップに包み、保存袋に入れて冷凍する。

アレンジ

- 水菜などの葉もの野菜と合わせてサラダに
- ちらし寿司のトッピングに

45

> もっと長持ち！

食材を干して使おう

野菜を干して使うとより長く保存できます。
さらに、うまみが凝縮して味もアップします。

干し野菜の作り方

天日干し
日当たりがよく、風通しのよいベランダや庭に干す。秋から冬の晴れた日に干すのがおすすめ。

室内干し
ホコリや雑菌などが気になる場合は室内干しでもOK。天日干しに比べ乾燥に時間がかかる。

オーブン干し
100℃前後の低温で20〜30分加熱。野菜の種類や状態によって異なるので、様子を見ながら調整を。

干す時間の目安

半干し ⏱ **3〜12時間**
表面がしなびてくったりした状態。冷蔵庫で1週間ほどもつ。

しっかり干し ⏱ **1〜3日**
水分がほとんど抜け、カラッとした状態。冷蔵庫で1か月くらいもつ。

おすすめの野菜と切り方

大根
- 厚切り
- 薄切り
- 細切り

きのこ類
- 根元を落としてほぐす

にんじん
- 薄切り
- 細切り

なす
- 薄切り
- 半月切り
- 輪切り

ごぼう
- 薄切り
- ささがき

切り方別おすすめ料理

同じ野菜でも、切り方を変えるといろいろな料理に使える。

切り方	おすすめ料理
薄切り	炒めもの、あえもの、素揚げ など
細切り・せん切り	炊き込みごはん、あえもの、みそ汁、漬けもの など
厚切り	煮もの、スープ、鍋もの など

※もやしやレタスなど、水分が多い野菜は干すのに向かない。

干し野菜の作り方

1 野菜を切る

好みの大きさに。皮は変色するものもあるが、食べられる。きのこは根元を落としてほぐす。

2 野菜の水けをふく

できるだけ水けをふき取っておくと乾燥が早くなる。大根など水けが多い根菜は、特によくふき取る。

3 野菜を干す

天日干し・室内干しはザルに広げ、風通しのよい場所に干す。オーブン干しはオーブンシートを敷いた鉄板に並べ、低温で加熱する。

4 密閉容器に入れて保存する

干し終わったら水分が含まれないように密閉する。乾燥剤を入れておくとベスト。

レシピ

かめばかむほど味が出るおかず
干しにんじんとごぼうのツナポン炒め

⏱ 5分

材料（2人分）

- 干しにんじん（薄切り）……40g
- 干しごぼう（斜め薄切り）……40g
- ツナ（缶詰）……小1缶
- ポン酢しょうゆ……大さじ2
- ごま油……小さじ1

作り方

1 フライパンにツナを缶汁ごと入れ、干しにんじんと干しごぼうを入れて、中火で炒める。

2 野菜がしんなりしてきたら、強火にしてポン酢しょうゆ、ごま油を加えて混ぜる。

うまみがアップしたきのこで
干しきのことごぼうの炊き込みごはん

⏱ 90分

材料（2人分）

- 干ししめじ……33g
- 干しえのきだけ……25g
- 干しごぼう（ささがき）……20g
- 米……2合
- A　水……400mℓ
- 　　しょうゆ……小さじ2
- 　　塩……小さじ½

作り方

1 米はといでザルに上げ、水けをきって30分以上おき、炊飯器に入れる。

2 干ししめじとえのき、干しごぼう、Aを加えて混ぜ、1に入れて炊く。

ごぼう

常温 ○（冷暗所） 冷蔵 ○ 冷凍 ○

選び方
- ☑ まっすぐで太さが均一
- ☑ ひげ根が少ない
- ☑ ひび割れしていない

そのまま

新聞紙などに包んで冷蔵

💧 冷蔵室 ▶ 1〜2か月

泥つきは、新聞紙などに包んで、保存袋に入れて冷蔵する。

保存MEMO
冷暗所では立てておけば1か月もつ。洗いごぼうは、泥つきと同様の方法で冷蔵保存し、1週間ほどで使いきる。

長持ち

ささがきにして冷凍

❄ 冷凍室 ▶ 1か月

斜め薄切りにして酢水にさらす。水けをふき取り、保存袋に入れて冷凍する。

こう使う！

あえもの・炒めものに
- ポン酢をかけてちくわとあえる
- 凍ったまま、炒めたり汁ものに加える

酢水にさらすとアクが抜け、変色が防げる。

ゆでて冷凍

❄ 冷凍室 ｜ 1か月

乱切りにしてかためにゆでる。水けをよくふいて、保存袋に入れて冷凍する。

サラダ・煮ものに
- 根菜サラダにする
- 凍ったまま、筑前煮などの具に加える

長持ち

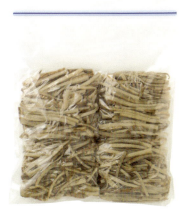

炒めて冷凍

❄ 冷凍室 ｜ 1か月

200gを細切りにする。サラダ油大さじ½で炒めて、酒大さじ1、塩小さじ½で味をつける。小分けにしてラップに包み、保存袋に入れて冷凍する。

- 肉巻きや春巻きの具にする
- かきあげにする

すぐ食べ

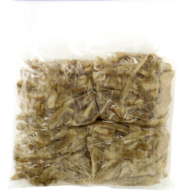

ゆでて味つけして冷凍

❄ 冷凍室 ｜ 1か月

200gをささがきにしてさっとゆでる。ポン酢しょうゆ大さじ2を合わせ、小分けにしてラップに包み、保存袋に入れて冷凍する。

- マヨネーズであえる
- 刻んで、ごはんに混ぜ合わせる

すぐ食べ

トマト

常温 ○	冷蔵 ○	冷凍 ○
（冷暗所）	（野菜室）	

選び方
- ☑ 赤色が濃く、重みがある
- ☑ 皮にハリとツヤがある
- ☑ ヘタが緑色でピンとしている

そのまま

ペーパータオルなどに包んで野菜室

🍅 野菜室 ／ 1〜2週間

1個ずつペーパータオルなどに包み、保存袋に入れて野菜室で保存する。

保存MEMO

切ったらラップをして、野菜室で保存する。2、3日で食べきる。まだ青いものは冷暗所で追熟させる。完熟したものは低温障害が起きないよう野菜室で保存。

長持ち

ヘタを取って冷凍

❄ 冷凍室 ／ 1か月

ヘタを取って1個ずつラップに包んで冷凍する。

こう使う！

ドレッシング・煮込みに
- 凍ったまま、すりおろしてドレッシングにする
- 流水で皮をむき、つぶしながら煮込みに加える

ざく切りにして冷凍

❄ 冷凍室　1か月

ざく切りにして保存袋に入れる。菜箸で折り目をつけて冷凍する。

焼きもの・炒めものに
- 凍ったまま、チーズをかけて焼いたり、ピザのトッピングにする
- 卵などと炒める

長持ち

ソース状にして冷凍

❄ 冷凍室　1か月

大5個（1kg程度）を横半分に切って軽くつぶしながら鍋に入れる。かき混ぜながら半量になるまで煮つめる。保存袋に入れて冷凍する。

汁もの・ソースに
- スープやパスタソースのベースにする

長持ち

オイル漬けにして冷蔵

💧 冷蔵室　1〜2か月

プチトマト2パック（300g）を半分に切る。クッキングシートを敷いた天板に並べ、120℃のオーブンで1時間半ほど水分をとばす。保存袋に入れてローリエ1枚、塩少々、オリーブ油をひたひたに注ぎ冷蔵する。

アレンジ
- オイルごとパスタに加える
- アクアパッツァ風に、魚の酒蒸しに加える

すぐ食べ

大根

常温 ○（冷暗所）　冷蔵 ○　冷凍 ○

選び方
- ☑ 色が白く、重みがある
- ☑ ひげ根が少ない
- ☑ 葉の緑色が濃い

そのまま

ラップに包んで冷蔵

💧 冷蔵室　1〜2週間

葉に栄養をとられてしまうので、切り離す。根はラップに包んで、冷蔵する。立てて保存するとより長持ちする。

保存MEMO
冷暗所での保存は3日。葉は刻んで塩もみしたり、ゆでてラップに包んで小分けにしておくとすぐ使えて便利。冷蔵し、2、3日ほどで使いきる。

長持ち

いちょう切りにして冷凍

❄ 冷凍室　1か月

いちょう切りにする。保存袋に入れて冷凍する。

汁もの・煮ものに
- 凍ったまま、みそ汁に加える
- 凍ったまま、ベーコンと煮る

すりおろして冷凍

❄️ 冷凍室 ▶ 1か月

すりおろし、小分けにしてラップに包む。保存袋に入れて冷凍する。

添えもの・トッピングに
- 焼き魚に添える
- 麺類のトッピングにする

長持ち

炒めて冷凍

❄️ 冷凍室 ▶ 1か月

300gをベーコン2枚と同じくらいの大きさに切り、バター大さじ½で炒める。コンソメスープの素（顆粒）小さじ1とこしょう少々で味をつけ、小分けにしてラップに包む。保存袋に入れて冷凍する。

- ごはんと混ぜて混ぜごはんに
- スープの具に加える

すぐ食べ

だし煮にして冷凍

❄️ 冷凍室 ▶ 1か月

300gを1cm幅の輪切りにする。ひたひたのだし汁、昆布5cm1枚を加え15〜20分ほど煮る。だし汁ごと保存袋に入れて冷凍する。

- 甘みそをのせてふろふき大根にする
- おでんや煮ものの具に加える

すぐ食べ

かぶ

常温 ○　冷蔵 ○　冷凍 ○

選び方
☑ 根が丸々としてツヤがある
☑ 根に傷がない
☑ 葉が緑でピンとしている

そのまま

新聞紙などに包んで冷蔵

💧 冷蔵室　1週間

葉に栄養をとられてしまうので、切り落とす。1個ずつ新聞紙などに包んで、保存袋に入れて冷蔵する。

保存MEMO
常温での保存は1、2日。切ったものはラップをして2、3日で使いきる。葉は塩ゆでして冷凍しておくと、1か月ほど保存できる。

長持ち

ゆでて冷凍

❄ 冷凍室　1か月

4つ割りにしてさっとゆでて、水けをふく。保存袋に入れて冷凍する。

こう使う!

煮もの・汁ものに
- 凍ったまま、煮ものやみそ汁に加える

すぐ食べ

塩もみにして冷凍

❄ 冷凍室　1か月

3個の皮をむいて、薄くいちょう切りにする。塩小さじ½を加えて塩もみする。小分けにしてラップに包んで保存袋に入れて冷凍する。

アレンジ

- にんじん、こんぶとあえる
- 豆腐にのせたり、お茶漬けのトッピングにする

なす

常温 ○	冷蔵 ○	冷凍 ○
（冷暗所）	（野菜室）	

選び方

- ☑ ガクのとげが尖っている
- ☑ 黒光りするくらい濃い紫色
- ☑ ハリがあり、シワや傷がない

そのまま

ペーパータオルなどに包んで野菜室

🍅 野菜室 ｜ 1か月

ペーパータオルなどに包んで、保存袋に入れて野菜室で保存する。

保存MEMO
冷暗所での保存は1、2日。低温障害を起こすので、野菜室が適温。切ったものは色が変わりやすいので、ラップをして2、3日で使いきる。

長持ち

レンジ加熱して冷凍

❄ 冷凍室 ｜ 1か月

ヘタを取り、丸ごとラップをかけレンジで加熱して食べやすく切る。小分けにしてラップに包み、保存袋に入れて冷凍する。

こう使う！

炒めもの・トッピングに
- 凍ったまま、ひき肉などと炒める
- 麺類のトッピングにする

すぐ食べ

焼いて冷凍

❄ 冷凍室 ｜ 1か月

2本を輪切りにする。サラダ油大さじ2をまぶし、強火のフライパンでこんがり焼いたら軽く塩をふる。保存袋に入れて冷凍する。

アレンジ

- ポン酢しょうゆなどをかける
- サラダやマリネにする

ピーマン・パプリカ

常温 ○（冷暗所） 冷蔵 ○（野菜室） 冷凍 ○

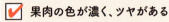

選び方
- ☑ 果肉の色が濃く、ツヤがある
- ☑ 肉厚でハリがある
- ☑ ヘタがピンとしている

そのまま

新聞紙などに包んで野菜室

野菜室 | 2週間

1個ずつ新聞紙などに包んで、野菜室で保存する。

保存MEMO
冷暗所での保存は1週間。切ったものは種を取ってラップに包んで、保存袋に入れて野菜室で保存する。2、3日で使いきる。湿気を嫌うので袋の口を閉じないように。

長持ち

細長く切って冷凍

冷凍室 | 1か月

1cm幅に切り、保存袋に入れて冷凍する。

あえもの・炒めものに
- 凍ったまま、塩こんぶとあえる
- 凍ったまま、牛こま切れ肉などと炒める

すぐ食べ

焼いて冷凍

冷凍室 | 1か月

2個を1cm幅の細切りにする。オリーブ油大さじ1、塩小さじ½をふってオーブントースターでこんがり焼く。冷めたら小分けにしてラップに包んで、保存袋に入れて冷凍する。

アレンジ

- 大豆水煮などとあえる
- ツナやマヨネーズと混ぜる

ブロッコリー・カリフラワー

常温 ✕　冷蔵 ◯　冷凍 ◯

選び方
☑ 花蕾の色が濃い
☑ 花蕾がかたく締まっている
☑ 株の切り口がみずみずしい

そのまま

ペーパータオルなどに包んで冷蔵

💧 冷蔵室　1～2週間

ペーパータオルなどに包んで、ラップで全体を包む。保存袋をかぶせて立てて冷蔵する。

保存MEMO
切ったものはすぐに、かためにゆでておく。水けをしっかりふき取り、ペーパータオルを敷いた密閉容器に入れて冷蔵する。4、5日で使いきる。

長持ち

ゆでて冷凍

❄ 冷凍室　1か月

小房に分けてかためにゆで、水けをふき取る。保存袋に入れて冷凍する。

こう使う！

炒めもの・煮込みに
- 凍ったまま、アンチョビと炒め合わせる
- 凍ったまま、煮込みに入れる

すぐ食べ

漬けて冷蔵

💧 冷蔵室　1～2週間

1株を小房に分け、酢¼カップ、水½カップ、砂糖大さじ2、塩小さじ⅔、黒粒こしょう5粒と合わせ、電子レンジで2、3分煮立たせる。保存袋や密閉容器に入れて冷蔵する。

アレンジ

- 甘酢炒めのように肉と炒める
- 刻んでマヨネーズと混ぜ合わせて、ソースにする

きゅうり

常温 ○（冷暗所） 冷蔵 ○（野菜室） 冷凍 ○

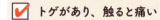

選び方
☑ ツヤとハリがある
☑ トゲがあり、触ると痛い
☑ 太さが均一

そのまま

ペーパータオルなどに包んで野菜室

 野菜室 ▶ 1週間

ペーパータオルなどに包んで、保存袋に入れて野菜室で保存する。ヘタを上にして立てて保存すると、より長持ちする。

保存MEMO
冷暗所での保存は1、2日。切ったものはラップをして、野菜室へ。早めに使いきる。

長持ち

塩もみして冷凍

❄ 冷凍室 ▶ 1か月

薄く輪切りにして塩もみする。保存袋に入れて冷凍する。

サラダ・あえものに
- しらす干しやかに風味かまぼこと混ぜて、サラダやあえものに

すぐ食べ

漬けて冷凍

❄ 冷凍室 ▶ 1か月

3本を薄く輪切りにする。すし酢大さじ2といっしょに保存袋に入れて冷凍する。

  アレンジ

- わかめやたことあえる
- ごはんに刺し身と合わせてちらし寿司にする

ゴーヤ

常温	冷蔵	冷凍
○（冷暗所）	○	○

選び方
- ☑ 緑色が濃く、ハリがある
- ☑ イボが密集している
- ☑ 太さが均一

そのまま

種とわたを取って野菜室

野菜室　1週間

わたの部分から悪くなるので、縦半分に切って種とわたを取る。1切れずつラップに包んで、野菜室で保存する。

保存MEMO
丸ごとならば、1本ずつ新聞紙などで全体を包み、冷暗所で3、4日保存できる。

長持ち

薄切りにして冷凍

冷凍室　1か月

縦半分に切って種とわたを取り、薄切りにして保存袋に入れて冷凍する。

炒めもの・揚げものに
- 凍ったまま、ゴーヤチャンプルーにする
- かき揚げに加える

すぐ食べ

塩もみにして冷凍

冷凍室　1か月

300gを縦半分に切って種とわたを取り、薄切りにする。塩小さじ1/2で塩もみして水けを絞り、小分けにしてラップに包む。保存袋に入れて冷凍する。

アレンジ
- 豆腐にのせてポン酢しょうゆなどをかける
- 麺類にトッピングする

アスパラガス

常温 ✕ 　冷蔵 ◯ 　冷凍 ◯

選び方
- ✅ 穂先がかたく締まっている
- ✅ 茎の太さが均一
- ✅ 切り口がみずみずしい

そのまま

ペーパータオルなどに包んで冷蔵

💧 冷蔵室 ／ 3、4日

数本をまとめてペーパータオルなどに包み、保存袋に入れて冷蔵する。立てて保存するとより長持ちする。

保存MEMO
根元1cmくらいが水に浸かるようにして容器に入れ、立てて冷蔵室に保存すると、さらに長持ちする。毎日水を替えること。

長持ち

斜め薄切りにして冷凍

❄ 冷凍室 ／ 1か月

斜め薄切りにしたら、保存袋に入れて冷凍する。

炒めもの・汁ものに
- 凍ったまま、ペペロンチーノ風に赤唐辛子と炒める
- 凍ったまま、スープの具に

すぐ食べ

ゆでて冷凍

❄ 冷凍室 ／ 1か月

切らずにかために塩ゆでして、ラップに包み保存袋に入れて冷凍する。

アレンジ
- 肉巻きにする
- 食べやすい大きさに切って、マヨネーズとあえる

セロリ

| 常温 | × | 冷蔵 | ○ | 冷凍 | ○ |

選び方
- ☑ 肉厚ですじがはっきり
- ☑ 切り口が変色していない
- ☑ 葉にハリがある

そのまま

ペーパータオルなどに包んで冷蔵

💧 冷蔵室 ｜ 1週間

茎と葉を切りはなす。それぞれペーパータオルなどに包み、ラップをして冷蔵する。茎は立てて保存するとより長持ちする。

保存MEMO
葉は傷みやすいので、そのまま保存袋に入れて冷凍がおすすめ。凍ったら、袋のまま揉み砕いて使えて便利。1か月ほどで使いきる。

長持ち

斜め切りにして冷凍

❄ 冷凍室 ｜ 1か月

すじを取り除いて、斜め薄切りにする。保存袋に入れて冷凍する。

炒めもの・汁ものに
- 凍ったまま、イカと炒める
- 凍ったまま、スープに加える

すぐ食べ

ベーコンと炒めて冷凍

❄ 冷凍室 ｜ 1か月

2本分を粗みじん切りにし、茎は5mm幅に切ったベーコン2枚と炒め、しんなりしたら葉と酒小さじ1、塩小さじ¼で味をつけて炒める。小分けにしてラップに包み、保存袋に入れて冷凍する。

アレンジ
- 焼きめし風にごはんと炒める
- オムレツやスクランブルエッグの具にする

オクラ

常温 ○	冷蔵 ○	冷凍 ○
(冷暗所)	(野菜室)	

選び方
- ✓ 青々としている
- ✓ ガクにとげがある
- ✓ 産毛が密集して生えている

そのまま

ペーパータオルなどに包んで野菜室

🍅 野菜室 　 3、4日

数本まとめてペーパータオルなどに包んで、保存袋に入れて野菜室で保存する。

保存MEMO
冷暗所での保存は1、2日。オクラは夏野菜なので野菜室がよい。切ったものはラップに包んで野菜室で保存する。2、3日で使いきる。

長持ち

小口切りにして冷凍

❄ 冷凍室 　 1か月

小口切りにして保存袋に入れて冷凍する。

汁もの・炒めものに
- 凍ったまま、汁ものに加える。
- 凍ったまま、豚肉や卵といっしょに炒める

すぐ食べ

ゆでて冷凍

❄ 冷凍室 　 1か月

1袋(7本)を板ずりしてからかためにゆでて、小口切りにする。白だし大さじ1をふって、保存袋に入れて冷凍する。

 アレンジ

- わかめとめんつゆであえる
- 麺類のトッピングにする

さやいんげん・さやえんどう

常温 ✕ 　冷蔵 ◯ 　冷凍 ◯

=== 選び方 ===
- ☑ 緑色が濃くピンとしている
- ☑ さやにハリがある
- ☑ 中の豆の粒がそろっている

そのまま

ペーパータオルなどに包んで冷蔵

💧 冷蔵室 　1週間

ペーパータオルなどに包んで、保存袋に入れて冷蔵する。

保存MEMO
ゆでて冷蔵しておくと、さっと使えて便利。ただしゆでると日持ちしないので2、3日で使いきる。

長持ち

切って冷凍

❄ 冷凍室 　1か月

4cm長さに切って、保存袋に入れて冷凍する。

 こう使う！

炒めもの・煮ものに
- 凍ったまま、卵などと炒める
- 凍ったまま、肉じゃがなどに加える

すぐ食べ

ごまあえにして冷凍

❄ 冷凍室 　1か月

さやいんげん(200g)をかためにゆでて半分の長さに切り、すりごま大さじ2、砂糖大さじ½、塩小さじ⅓であえる。小分けにしてラップに包み、保存袋に入れて冷凍する。

アレンジ
- ハムや鶏ささみなどとあえる
- 刻んで卵とじにする

枝豆

| 常温 × | 冷蔵 ○ | 冷凍 ○ |

選び方
- ☑ さやがふっくらとしている
- ☑ 中の豆の粒がそろっている
- ☑ さやに産毛がついている

塩ゆでして冷凍

❄ 冷凍室　1か月

枝から外して塩ゆでし、保存袋に入れて冷凍する。

こう使う!

混ぜごはん・おつまみに
- さやから出して、ごはんに混ぜ合わせる
- そのまま食べる

そら豆

| 常温 × | 冷蔵 ○ | 冷凍 ○ |

選び方
- ☑ 豆の形がくっきり見える
- ☑ 豆の形がそろっている
- ☑ さやがきれいな緑色

塩ゆでして冷凍

❄ 冷凍室　1か月

さやから出して塩ゆでし、保存袋に入れて冷凍する。

こう使う!

炒めもの・おつまみに
- いかなどと炒める
- そのまま食べる

グリーンピース

常温 ✕　冷蔵 ○　冷凍 ○

選び方
- ☑ 粒がふっくらとしている
- ☑ 緑色が濃い
- ☑ 薄皮がむけていない

塩ゆでして冷凍

❄ 冷凍室　1か月

さやから出して塩ゆでする。流水で冷まし、水けをふき取る。保存袋に入れて冷凍する。

こう使う！ トッピング・サラダに
- 凍ったまま、煮ものや汁ものにトッピングする
- ポテトサラダに加える

スナップえんどう

常温 ✕　冷蔵 ○　冷凍 ○

選び方
- ☑ さやがふっくらとしている
- ☑ 豆がしっかり詰まっている
- ☑ ガクにハリがある

塩ゆでして冷凍

❄ 冷凍室　1か月

ヘタとすじを取って1分ほど塩ゆでする。流水で冷まし、水けをふき取る。5、6本ずつラップに包んで、保存袋に入れて冷凍する。

こう使う！ 炒めもの・おつまみに
- しらたきと炒める
- そのまま食べる

きのこ

| 常温 ○ | 冷蔵 ○ | 冷凍 ○ |

※なめこは ✕

選び方
- ☑ かさが肉厚
- ☑ かさが開きすぎていない
- ☑ 軸がピンとしている

そのまま

ペーパータオルなどに包んで冷蔵

💧 冷蔵室 ｜ 1週間

しいたけは1枚ずつペーパータオルなどに包んで、保存袋に入れてかさを下にして冷蔵する。

保存MEMO
常温での保存は1、2日。冷凍したり干したりすると、よりうまみが増える。

長持ち

薄切りにして冷凍

❄ 冷凍室 ｜ 1か月

しいたけは石づきを取って薄切りにする。保存袋に入れて冷凍する。

煮もの・炒めものに
- 凍ったまま、佃煮にする
- 凍ったまま、チンゲン菜などと炒める

数種類混ぜて冷凍

冷凍室 **1か月**

薄切りにしたしいたけ、ほぐしたしめじ、半分に切ったえのきだけなどを混ぜる。保存袋に入れ冷凍する。

汁もの・鍋ものに

- 凍ったまま、汁ものや鍋ものの具に加える

長持ち

炒めて冷凍

冷凍室 **1か月**

フライパンにオリーブ油大さじ2を熱し、お好みのきのこ500g、塩小さじ½、赤唐辛子1本を水分がとぶまで炒める。にんにくのみじん切り1片分を加え炒め、パセリのみじん切り少量を混ぜ合わせる。保存袋に入れて冷凍する。

- カレーやシチューに加える
- 米と一緒に炒め、ピラフやパエリア風にする

すぐ食べ

ゆでて冷凍

冷凍室 **1か月**

しめじ、しいたけ、えのきだけ(合わせて500g)を食べやすく切ってさっとゆでる。しっかり水けをきって、塩大さじ½を加えて混ぜる。水が出てきたら保存袋に入れて冷凍する。

- 麺類の具にする
- 凍ったまま、米を炊くときに加えて、炊き込みごはんに

すぐ食べ

たけのこ（水煮）

常温 ✕ 冷蔵 ○ 冷凍 ○

選び方
- ☑ ずんぐりとして太くて短い
- ☑ 根元のブツブツが少ない
- ☑ 白くみずみずしい

そのまま

パッケージのまま保存

💧 冷蔵室 ｜ 賞味期限まで

パッケージのまま冷蔵する。

保存MEMO
残ったらラップに包んで、2、3日で食べきる。生のものは、そのまま常温で置いておくとえぐみが出る。早めにゆでて、水に浸けて冷蔵する。

長持ち

砂糖をまぶして冷凍

❄ 冷凍室 ｜ 1か月

食べやすい大きさの薄切りにして砂糖をまぶして、保存袋に入れて冷凍する。砂糖をまぶすと水分が抜けてスが入りにくくなる。

炒めもの・煮ものに
- 凍ったまま、牛こま切れ肉などと炒める
- 凍ったまま、わかめなどといっしょに若竹煮にする

すぐ食べ

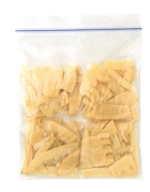

メンマ風にして冷凍

❄ 冷凍室 ｜ 1か月

200gを薄切りにし、ごま油少々で炒める。水2/3カップ、砂糖、みりん各小さじ1、鶏がらスープの素（顆粒）小さじ1/2を加え、汁けがとんだらラー油少々をかける。小分けにしてラップに包み、保存袋に入れて冷凍する。

アレンジ
- ゆでた青菜や根菜などとあえる
- 刻んでチャーハンに加える

もやし

常温 × 　冷蔵 ○ 　冷凍 ○

選び方
- ☑ 色が白くて太い
- ☑ ピンとして弾力がある
- ☑ ひげ根が変色していない

そのまま

熱湯をかけて冷蔵

💧 冷蔵室 ／ 2、3日

熱湯をかけ、冷水で冷やす。水けをふき取り、密閉容器に入れて冷蔵する。

保存MEMO
消費期限が短いので余ったらすぐに冷凍する。食感が変わるのが苦手な人は、加熱して冷凍する。

長持ち

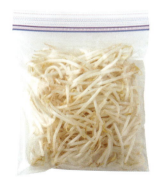

洗って冷凍

❄ 冷凍室 ／ 1か月

洗って水けをふき取り、保存袋に入れて冷凍する。

汁もの・炒めものに
- 凍ったまま、みそ汁に加える
- 凍ったまま、キャベツやにんじんなどと炒める

すぐ食べ

ゆでて冷凍

❄ 冷凍室 ／ 1か月

2袋（400g）をさっとゆでて、水けをふき取る。ごま油大さじ1と½、塩小さじ⅓、おろしにんにく少々で味をつける。小分けにしてラップに包み、保存袋に入れて冷凍する。

アレンジ
- いりごまとあえてナムルに
- 卵スープなどに加える

長ねぎ・小ねぎ

常温 ◯（冷暗所） 冷蔵 ◯ 冷凍 ◯

選び方
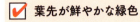
- ☑ 葉先が鮮やかな緑色
- ☑ 葉先までピンとしている
- ☑ まっすぐで弾力がある

そのまま

ラップに包んで冷蔵

💧 冷蔵室 ｜ 1週間

泥つきでないものや、切ったものは、冷蔵庫に入れやすい長さに切ってラップで包み、立てて冷蔵する。小ねぎは新聞紙などに包んで冷蔵する。

保存MEMO
泥つきのほうが長持ちする。新聞紙になどに包んで、立てて冷暗所へ。1か月ほどで使いきるように。

長持ち

小口切りにして冷凍

❄ 冷凍室 ｜ 1か月

使いやすい厚さの小口切りにする。保存袋や密閉容器に入れて冷凍する。

こう使う！

汁もの・トッピングに
- 凍ったまま、みそ汁に加える
- 凍ったまま、納豆などにトッピングする

すぐ食べ

ねぎみそにして冷凍

❄ 冷凍室 ｜ 1か月

長ねぎ½本のみじん切り、すりおろししょうが1片分、かつお節1パック、みそ120gをよく混ぜて、保存袋に入れて冷凍する。

アレンジ

- おにぎりに塗って焼く
- 油揚げに塗って、チーズをのせて焼く

にんにく

常温 ◯ 冷蔵 ◯ 冷凍 ◯
（冷暗所）

選び方
- ☑ 粒が大きく、均等
- ☑ かたく締まっている
- ☑ 外皮が白く、芽が出ていない

そのまま

ペーパータオルなどに包んで冷蔵

💧 冷蔵室 ｜ 1〜2か月

皮つきのままペーパータオルなどに包み、保存袋に入れて冷蔵する。

保存MEMO
ネットに入れて、風通しのよいところにつるしておいてもOK。保存期間は1か月ほどを目安に。

長持ち

皮をむいて冷凍

❄ 冷凍室 ｜ 1か月

皮をむいて丸のまま、保存袋に入れて冷凍する。

薬味・焼きものに
- 凍ったまますりおろして薬味に
- アルミホイルに包んで焼く

すぐ食べ

漬けて冷蔵

💧 冷蔵室 ｜ 1年

2個の皮をむいて鍋に入れて、しょうゆ1カップ、みりん大さじ4といっしょに火にかる。煮汁が少なくなるまで煮て、そのまま漬ける。保存袋に入れて冷蔵する。

アレンジ

- 刻んで、汁ごと冷ややっこにかける
- から揚げや焼き魚の下味にする

しょうが

常温 ○	冷蔵 ○	冷凍 ○
（冷暗所）	（野菜室）	

選び方
- ☑ 皮に光沢がある
- ☑ ハリがあって締まっている
- ☑ 表面に傷がない

そのまま

新聞紙などに包んで冷暗所

冷暗所 / 2週間

新聞紙などに包んで、保存袋に入れ、冷暗所で保存する。

保存MEMO
切ったものは切り口にラップをし、保存袋に入れて野菜室へ。1週間で使いきる。

長持ち

好みにカットして冷凍

冷凍室 / 1か月

皮をむいてみじん切り、すりおろし、せん切りなど用途に合わせて切る。それぞれラップに包んで保存袋に入れて冷凍する。

トッピング・薬味に
- とん汁などのトッピングに
- 凍ったまま、おひたしにのせる

すぐ食べ

漬けて冷蔵

冷蔵室 / 1週間

2個（60g）をせん切りにして、保存袋に入れ、浸かるくらいの酢（大さじ4程度）、はちみつ小さじ1を加えて冷蔵する。

アレンジ
- サラダにトッピングする
- 漬け汁ごと油と混ぜ合わせてドレッシングに

野菜類 ▶ しょうが／みょうが

みょうが

常温 ✗ 　冷蔵 ◯（野菜室）　冷凍 ◯

選び方
- ☑ 身が締まっている
- ☑ 淡い紅色で丸みがある
- ☑ ツヤがある

そのまま

水に漬けて野菜室

野菜室 | 1〜2週間

根元を少し切り落とし、水をはった密閉容器に入れて野菜室で保存する。毎日水を替えること。

保存MEMO
ペーパータオルなどに包んで保存袋に入れ、野菜室に入れると4、5日ほどもつ。

長持ち

小口切りにして冷凍

冷凍室 | 1か月

小口切りにして保存袋に入れて冷凍する。

薬味・添えものに
- 凍ったまま、そうめんにのせる
- 焼き魚などに添える

すぐ食べ

甘酢に漬けて冷蔵

冷蔵室 | 1か月

4個を熱湯でさっとゆでて、酢¼カップ、砂糖大さじ2、塩小さじ⅔を合わせたものに漬ける。保存袋に入れて冷凍する。

アレンジ
- 刻んでタルタルソースに混ぜる
- 刻んで漬け汁ごと油と混ぜ合わせ、ドレッシングに

73

パセリ

| 常温 | × | 冷蔵 | ○ | 冷凍 | ○ |

選び方
- ☑ 葉の緑色が濃い
- ☑ 葉が細かく縮れている
- ☑ 茎がみずみずしい

葉を摘んで冷凍

❄ 冷凍室 ｜ 1か月

葉を摘んで保存袋に入れて冷凍する。冷蔵保存する場合は、水を注いだグラスに根元が浸かるようにして、ラップをかける。毎日水を取り替え、1週間ほどで使いきる。

保存MEMO
凍ったまま手で揉むと、みじん切りのように使える。

みつば

| 常温 | ○ | 冷蔵 | ○ | 冷凍 | ○ |
（野菜室）

選び方
- ☑ 緑色が濃く、鮮やか
- ☑ 茎が張ってみずみずしい
- ☑ 変色していない

切って冷凍

❄ 冷凍室 ｜ 1か月

3cm長さに切って保存袋に入れて冷凍する。野菜室で保存する場合は、切らずに根元にぬらしたペーパータオルなどをあてて保存袋に入れる。4、5日で使いきる。

保存MEMO
みつば・青じそ・パクチーは乾燥に弱いので、常温保存する場合は、水を注いだグラスに、根元が浸かるようにして保存する。2日ほどもつ。

青じそ

常温	冷蔵	冷凍
○	○	○
	(野菜室)	

選び方
- ☑ 葉がピンとしている
- ☑ 緑色が濃く、鮮やか
- ☑ 葉が大きすぎず、やわらかい

ラップに包んで冷凍

❄ 冷凍室 1か月

ラップに包んで、保存袋に入れて冷凍する。野菜室で保存する場合は、根元にぬらしたペーパータオルなどをあてて保存袋に入れる。2、3日で使いきる。

具材・薬味に
- 凍ったまま、刻んでぎょうざのタネに加える
- 凍ったまま、刻んで薬味やトッピングに

パクチー

常温	冷蔵	冷凍
○	○	○
	(野菜室)	

選び方
- ☑ 緑色が濃く、鮮やか
- ☑ 茎が張ってみずみずしい
- ☑ 変色していない

切って冷凍

❄ 冷凍室 1か月

3cm長さに切って保存袋に入れて冷凍する。野菜室で保存する場合は、切らずに根元にぬらしたペーパータオルなどをあてて保存袋に入れる。4、5日で使いきる。

トッピング・具材に
- 凍ったまま、フォーに散らす
- 凍ったまま、生春巻きの具に加える

バジル

常温 ○　冷蔵 ○（野菜室）　冷凍 ○

選び方
- ☑ 葉の緑色が濃く、鮮やか
- ☑ 葉先までみずみずしい
- ☑ 葉がやわらかい

長持ち

ラップに包んで冷凍

❄ 冷凍室　1か月

使いやすい量をラップに包んで小分けにし、保存袋に入れて冷凍する。野菜室で保存する場合は、ペーパータオルなどに包んで保存袋に入れる。1週間で使いきる。

保存MEMO

茎がついていれば、根元を水に浸けて常温保存できる。ただし香りが薄くなることも。葉だけのものは、天日干ししてドライバジルにすれば、1か月保存できる。

すぐ食べ

ジェノバソースにして冷凍

❄ 冷凍室　1か月

2パック(50g)、にんにくのみじん切り1片分、松の実10g、塩小さじ1、オリーブ油½カップをすべてミキサーにかける。保存袋に入れて冷凍する。

こう使う！

ソースやドレッシングに
- パスタソースに加える。
- 刺身にかけて、カルパッチョ風に

ローズマリー・ミント

| 常温 | ○ | 冷蔵 | ○ | 冷凍 | ○ |

（野菜室）

選び方

- ☑ 葉の色が濃い
- ☑ 葉、茎がみずみずしい
- ☑ 葉、茎がハリがある

乾燥させて冷暗所

冷暗所 | **1か月**

ローズマリーは枝を逆さにして陰干しに。ミントは葉先を摘んでザルに広げて干す。乾いたら、密閉容器に入れ冷暗所で保存する。

保存MEMO

フレッシュのまま保存したい場合は、ペーパータオルなどに包んで保存袋に入れて野菜室へ。1週間で使いきる。茎がついているものは、水に浸けておけば常温で2、3日保存できる。

長持ち

漬けて冷蔵

冷蔵室 | **1か月**

洗って水けをふき取ったミント2パックを保存袋に入れ、はちみつ1カップを注いで冷蔵する。同様にローズマリーははちみつの代わりにオリーブ油を浸るくらい注ぎ、ハーブオイルにして冷蔵する。

デザート・ドレッシング・焼きものに

- はちみつは、飲みものやデザートに加える
- オイルは、ドレッシングに加えたり、肉や魚を漬けて焼く

すぐ食べ

ひじき

常温 ◯　冷蔵 ◯　冷凍 ◯

選び方
- ☑ 黒くツヤがある
- ☑ 大きさがそろっている
- ☑ ごみが入っていない

そのまま

パッケージのまま常温

常温　1～2年

パッケージのまま常温で保存。1～2年保存可能。

保存MEMO
開封後は空気を抜き、口を密閉できるクリップなどでとめて常温で保存する。賞味期限までに使いきる。

長持ち

ゆでて冷凍

冷凍室　1か月

水に浸けてもどし、さっとゆでて水けを絞る。小分けにしてラップに包んで保存袋に入れて冷凍する。

炒めもの・煮ものに
- 凍ったまま、たけのこと炒め煮にする
- 凍ったまま、豆などと煮る

すぐ食べ

煮て冷凍

冷凍室　1か月

鍋にもどした芽ひじき（乾燥で20g）、めんつゆ（3倍濃縮）大さじ4、水1カップを入れ、炒り煮にする。粗みじん切りのカリカリ梅10個を加え2分ほど加熱し、いりごま少々をふる。小分けにし、冷凍する。

アレンジ
- マッシュポテトに加える
- 大根のせん切りなどと混ぜ合わせる

切り干し大根

常温 ○　冷蔵 ○　冷凍 ○

選び方
- ☑ 黄白色で変色していない
- ☑ よく乾燥している
- ☑ ごみが入っていない

パッケージのまま常温

常温　1〜2年

パッケージのまま常温で保存する。

保存MEMO
開封後は空気を抜き、口を密閉できるクリップなどでとめる。においが強いので冷蔵室での保存がよい。賞味期限までに使いきる。

そのまま

ゆでて冷凍

冷凍室　1か月

水に浸けてもどし、さっとゆでて水けを絞る。小分けにしてラップに包んで保存袋に入れて冷凍する。

煮もの・炒めものに
- 凍ったまま、さつま揚げやにんじんと煮る
- 凍ったまま、炒めてきんぴらにする

長持ち

漬けて冷凍

冷凍室　1か月

40gを水でもどしてさっとゆでる。水けを絞ってざく切りにする。水大さじ4、酢大さじ4、みりん大さじ3、しょうゆ大さじ2、かつお節2gといっしょに保存袋に入れて冷凍する。

アレンジ
- ゆでた青菜などとあえる
- にんじんのせん切りと混ぜ合わせて、はりはり漬け風に

すぐ食べ

いちご

| 常温 | × | 冷蔵 | ○ | 冷凍 | ○ |

選び方
- ☑ 鮮やかな赤色
- ☑ ヘタがピンとしている
- ☑ ヘタの近くまで色づいている

そのまま

洗わず並べて冷蔵

冷蔵室 / **1週間**

水けが大敵なので、洗わずにペーパータオルを敷いた大きめの器に重ならないようにおく。保存袋に入れて冷蔵する。

保存MEMO
薄切りにして天日干しさせてもよい。しっかり乾燥させれば、2週間保存できる。

長持ち

洗って冷凍

冷凍室 / **1か月**

洗って水けをふき取り、ヘタを取って保存袋に入れて冷凍する。

こう使う！ そのまま・スムージーに
- 半解凍くらいで食べる
- 凍ったまま牛乳、砂糖とミキサーにかける

すぐ食べ

ジャムにして冷凍

冷凍室 / **1か月**

600g、グラニュー糖300gを鍋に入れ30分ほどおき、中火にかける。煮立ったら弱火で20分ほど煮て、レモン汁約大さじ2を加えとろみがつくまで煮る。保存袋に入れて冷凍する。

アレンジ
- クッキーなどにはさむ
- パウンドケーキなどの生地に混ぜ合わせる

りんご

常温 ○ 冷蔵 ○ 冷凍 ○
（冷暗所）

選び方
- ☑ 身が締まっている
- ☑ ヘタが太く、ピンとしている
- ☑ お尻のほうまでしっかり赤い

そのまま

袋の口を閉めて冷蔵

💧 冷蔵室　1〜2か月

エチレンガスを出して他の食材を劣化させることがあるので、保存袋に入れてしっかりと口を閉めて冷蔵する。冷暗所におく場合は、ペーパータオルなどに包んで、新聞紙を敷いた段ボール箱に入れると1か月保存できる。

保存MEMO
切ったら空気に触れないよう、すぐにラップに包んで冷蔵する。変色することがあるが2、3日保存できる。

長持ち

くし形切りにして冷凍

❄ 冷凍室　1か月

皮をむいてくし形切りにし、保存袋に入れて冷凍する。若干食感が変わるので、ミキサーにかけたり、すりおろすなどして使うとよい。

こう使う！

スムージー・そのままに

- 凍ったまま、牛乳や砂糖、野菜などとミキサーにかける
- 半解凍くらいで食べる

すぐ食べ

コンポートにして冷凍

❄ 冷凍室　1か月

2個を1cm大に切って鍋に入れ、グラニュー糖40g、レモン汁大さじ1、白ワイン大さじ1を加えて混ぜる。ふたをして中火にかけ、煮立ったら弱火で7分ほど煮る。粗熱をとり冷凍する。

アレンジ

- パウンドケーキなどの生地に混ぜ合わせる
- 凍ったまま、カレーなどに隠し味として加える

レモン

常温 ○（冷暗所）　冷蔵 ○（野菜室）　冷凍 ○

選び方
- ☑ 皮にハリとツヤがある
- ☑ ヘタが枯れていない
- ☑ 持つと重みがある

そのまま

保存袋に入れて野菜室

🍊 野菜室　1か月

保存袋に入れて野菜室で保存する。1つずつペーパータオルなどに包めば、より長持ちする。

保存MEMO
冷暗所での保存期間は、国産ならば2週間。輸入ものは皮に防腐剤が使用されているので、1か月もつが、よく洗ってから使う。

長持ち

搾って冷凍

❄ 冷凍室　1か月

果汁を搾って保存袋に入れて冷凍する。

ドレッシング・飲みものに
- 凍ったまま、油と混ぜ合わせてドレッシングに
- 凍ったまま、炭酸水に入れる

すぐ食べ

漬けて冷蔵

💧 冷蔵室　1〜2か月

1個（100g）の皮をきれいに洗い（輸入のものは皮をむく）、薄い輪切りにして、種を除く。保存容器にはちみつ100〜150gとともに入れて冷蔵する。

アレンジ

- 紅茶に加える
- パンケーキのソースに

ゆず

常温 ○	冷蔵 ○	冷凍 ○
（冷暗所）	（野菜室）	

選び方

- ☑ 皮がかたくてブヨブヨしていない
- ☑ ヘタが茶色くなっていない
- ☑ 香りが強い

そのまま

保存袋に入れて野菜室

野菜室 / **1か月**

保存袋に入れて野菜室で保存する。1つずつペーパータオルなどに包めばより長持ちする。

保存MEMO
冷暗所での保存は1週間。常温や冷蔵保存だと、時間とともに香りが失われてしまう。すぐ使わないなら冷凍がおすすめ。

長持ち

せん切りにして冷凍

冷凍室 / **1か月**

皮をそぎ切りにしてから白いわたを除いてせん切りにする。保存袋に入れて冷凍する。

こう使う！

汁もの・漬けものに
- 凍ったまま、汁ものや鍋ものに加える
- 漬けものに加える

すぐ食べ

ジャムにして冷凍

冷凍室 / **1か月**

2個（300g）の果汁を搾り、水を足して¾カップにする。残った果肉はみじん切りに、皮は細切りにする。グラニュー糖150gとともに鍋に入れ中火にかけ、煮立ったら弱火で20分ほど煮る。保存袋に入れて冷凍する。

アレンジ

- マフィンやスコーンなどの生地に混ぜ合わせる
- しょうゆなどを加えて肉や魚のソースを作る

オレンジ・グレープフルーツ

常温 ○（冷暗所）　冷蔵 ○　冷凍 ○

選び方
- ☑ 皮にハリとツヤがある
- ☑ ヘタがピンとして小さい
- ☑ 色ムラがない

薄皮をむいて冷凍

 冷凍室　 1か月

皮をむき、1房ずつ薄皮をむいて食べやすく切り、保存袋に入れて冷凍する。

保存MEMO
冷暗所の場合は、新聞紙などに包むと1〜2週間保存できる。

みかん

常温 ○（冷暗所）　冷蔵 ○　冷凍 ○

選び方
- ☑ オレンジ色が濃い
- ☑ 皮のキメが細かい
- ☑ ヘタが小さい

ぬらして冷凍

 冷凍室　 1か月

丸ごと水にぬらして、ラップに包んで冷凍する。凍ったらラップを外し、再度水にぬらしてまたラップをかけて冷凍する。再凍結させることで氷の膜をつくり、果肉の乾燥を防ぐ。

保存MEMO
冷暗所の場合は、ペーパータオルなどに包んでヘタを下にしておくと、1か月保存できる。常温で保存する場合は、ペーパータオルなどに包んでヘタを下にしておく。1か月保存できる。

バナナ

常温 ○ 冷蔵 × 冷凍 ○

選び方
- ☑ 房のつけ根が太い
- ☑ 皮が角ばっていない
- ☑ 傷がついていない

輪切りにして冷凍

❄ 冷凍室　1か月

皮をむき輪切りにし、保存袋に入れて冷凍する。

保存MEMO
かたい場合は、常温で保存すると食べごろになる。フックなどに吊るすと、そのままでも3、4日保存できる。低温に弱いので、冷蔵保存には向かない。

キウイフルーツ

常温 ○ 冷蔵 ○ 冷凍 ○

選び方
- ☑ ヘタのまわりに弾力がある
- ☑ 表面がきれいで凹みがない
- ☑ 産毛がそろっている

輪切りか半月切りにして冷凍

❄ 冷凍室　1か月

皮をむき輪切りか半月切りにし、保存袋に入れて冷凍する。まだかたいものは常温におき、追熟させてから切る。冷蔵では、2週間保存できる。

保存MEMO
追熟させるときは、りんごやバナナといっしょに保存袋に入れる。

すいか

常温 ○	冷蔵 △	冷凍 ○
（冷暗所）	（野菜室）	

選び方
- ☑ 緑と深緑の縞模様がくっきり
- ☑ ツルのつけ根がくぼんでいる
- ☑ お尻の部分が黄色っぽい

ひと口大に切って冷凍

❄ 冷凍室　1か月

皮から外し種を取って、ひと口大に切り保存袋に入れて冷凍する。縞模様と垂直に包丁を入れて半分にし、断面に見える種に沿って中心から切り分けていくと種がとりやすい。

保存MEMO
丸ごと保存する場合は冷暗所へ。冷やしすぎると甘みが弱くなるので、食べる数時間前に冷蔵するのがおすすめ。

メロン

常温 ○	冷蔵 ○	冷凍 ○
（冷暗所）		

選び方
- ☑ 表面の網目模様が細かい
- ☑ 色ムラがない
- ☑ お尻を押すと弾力がある

ひと口大に切って冷凍

❄ 冷凍室　1か月

皮から外し種を取って、ひと口大に切り保存袋に入れて冷凍する。まだかたいものは冷暗所におき、追熟させてから切る。

保存MEMO
完熟したものを丸ごと冷蔵保存するときは2、3日で食べきる。

なし

常温 ○（冷暗所）　冷蔵 ○　冷凍 ○

選び方
- ☑ ハリがあり、締まっている
- ☑ 干からびていない
- ☑ ずっしりとした重みがある

ひと口大に切って冷凍

❄ 冷凍室　1か月

皮をむいてひと口大に切り、保存袋に入れて冷凍する。丸ごと保存する場合は、新聞紙などに包んで冷暗所へ。へたを下にしておくと2、3日保存できる。

保存MEMO
ラップに包んで保存袋に入れて冷蔵すると1～2週間保存できる。

かき

常温 ○（冷暗所）　冷蔵 ○　冷凍 ○

選び方
- ☑ 皮が濃いオレンジ色
- ☑ ヘタに緑色が残っている
- ☑ ずっしりとした重みがある

ひと口大に切って冷凍

❄ 冷凍室　1か月

皮をむいてひと口大に切り、保存袋に入れて冷凍する。まだかたいものは新聞などに包んで、冷暗所で追熟させてから切る。完熟すると、どんどんドロドロになっていくので、すぐに冷蔵か冷凍する。

保存MEMO
丸ごと冷蔵する場合は、ぬらしたペーパータオルをあててヘタを下にして、保存袋に入れて野菜室へ。エチレンガスを出すので、しっかりと口を閉じる。こまめに水分を補えば2週間保存できる。

パイナップル

常温 ○　冷蔵 ○　冷凍 ○
　　　　（野菜室）

選び方
- ☑ 皮が黄色みを帯びている
- ☑ 葉が濃い緑でピンとしている
- ☑ ずっしりとした重みがある

ひと口大に切って冷凍

❄ 冷凍室　▶ 1か月

皮から外してひと口大に切り、保存袋に入れて冷凍する。

保存MEMO
丸ごと保存する場合は、新聞紙などに包み葉の部分を下にむけておく。常温で2日、野菜室で1週間保存できる。

ぶどう

常温 ○　冷蔵 ○　冷凍 ○
（冷暗所）

選び方
- ☑ 色が濃く、ハリがある
- ☑ 枝が緑で切り口が新しい
- ☑ 粒が隙間なくついている

ひと粒ずつにして冷凍

❄ 冷凍室　▶ 1か月

房からひと粒ずつ外して、保存袋に入れ冷凍する。房ごと保存する場合は、洗わずペーパータオルなどに包んで保存袋に入れる。冷暗所で2日、冷蔵で4日保存できる。

保存MEMO
他の果物に比べて、冷凍しても劣化しにくい。皮が気になる場合は水に浸すとツルっとむける。凍ったままお弁当に入れれば、保冷剤代わりのデザートに。

88　果物類 ▶ パイナップル／ぶどう／ブルーベリー・ラズベリー／アボカド

ブルーベリー・ラズベリー

常温 × 　冷蔵 ○ 　冷凍 ○

選び方
- ☑ 色が濃い
- ☑ ハリがある
- ☑ 傷がついていない

保存袋に入れて冷凍

❄ 冷凍室　1か月

そのまま保存袋に入れて冷凍する。同様にして、冷蔵では1週間保存できる。

保存MEMO
乾燥に弱いため、常温での保存には向かない。1週間ほど天日干しにして、ドライフルーツにしてもよい。

アボカド

常温 ○（冷暗所）　冷蔵 ○（野菜室）　冷凍 ○

選び方
- ☑ ふっくらとして皮が黒っぽい
- ☑ ハリとツヤがある
- ☑ ヘタがしっかりとついている

薄切りにして冷凍

❄ 冷凍室　1か月

皮をむいて薄切りにして、ラップに包んで保存袋に入れて冷凍する。まだかたいものは冷暗所で追熟させてから切る。丸ごと保存する場合は、保存袋に入れて野菜室で3、4日保存できる。

保存MEMO
切り口にレモン汁や塩水をかけてから保存すると、変色を防ぐことができる。

お手軽冷凍デザート

余った果物を凍らせて

冷凍しておいたフルーツや
余った缶詰でできる、かんたんでおいしいデザートです。

クラッカーにのせるだけ！
桃とクリームチーズのカナッペ

⏱ 5分

材料（2人分）
黄桃（缶詰を冷凍したもの）
　………………………… 1/4缶
クリームチーズ ………… 40g
クラッカー ……………… 8枚

作り方
クラッカーにクリームチーズを等分に塗り、ひと口大に切った黄桃をのせる。

チェンジOK！ 黄桃 ⇒ 白桃、いちご、オレンジ、グレープフルーツ

さわやかですっきり味の冷菓
パイナップルシャーベット

⏱ 5分

材料（2人分）
パイナップル（冷凍）
　………………………… 200g
グラニュー糖 ……… 大さじ2
レモン汁 …………… 大さじ1

作り方
ミキサーにすべての材料を入れて、滑らかになるまで混ぜ合わせる。

チェンジOK！ パイナップル ⇒ ぶどう、なし

甘さ控えめの、やさしい味わい

マンゴーシェイク

 5分

材料（2人分）
マンゴー（冷凍）………150g
牛乳………………1カップ
バニラアイス（市販）……100g

作り方
ミキサーにすべての材料を入れて、滑らかになるまで混ぜ合わせる。

 マンゴー ⇨ バナナ、メロン

おもてなしスイーツにもピッタリ！ 10分

フルーツトライフル

材料（2人分）
オレンジ（冷凍）…………8房
グレープフルーツ（冷凍）
………………………8房
カステラ（市販）………2切れ
ホイップクリーム………適量

作り方
1 オレンジ、グレープフルーツ、カステラはひと口大に切る。
2 器にカステラ、ホイップクリーム、フルーツの順に層になるように盛る。

 オレンジ、グレープフルーツ
  ⇨ いちご、ブルーベリー、ラズベリー

鶏もも肉

| 常温 × | 冷蔵 ○ | 冷凍 ○ |

選び方
- ☑ 弾力がある
- ☑ 適度な脂身がある
- ☑ ドリップがない

そのまま

1切れずつ冷凍

❄ 冷凍室 ｜ 2〜3週間

身側に切り込みを入れて薄くし、半分に切って氷水にくぐらせる。1切れずつラップに包む。保存袋に入れて冷凍する。

保存MEMO
冷蔵する場合は、水けをふき取り1切れずつペーパータオルに包みラップをすると1、2日保存できる。

長持ち

角切りにして冷凍

❄ 冷凍室 ｜ 2〜3週間

4cm角に切って、氷水にくぐらせる。保存袋に入れて冷凍する。

こう使う！　焼きもの・揚げものに
- ソテーしたり、から揚げにする

味つけ

調味料に漬けて冷凍（ハニーマスタード味）

❄ 冷凍室 ｜ 2〜3週間

1枚を4cm角に切る。調味料とともに保存袋に入れて冷凍する。

味つけ例
はちみつ・しょうゆ・酒 各大さじ1と½、粒マスタード・オリーブ油 各大さじ ½

こう使う！　炒めもの・揚げものに
- 野菜といっしょに炒め合わせたり、小麦粉をまぶして揚げる

鶏むね肉

常温 ×　冷蔵 ○　冷凍 ○

選び方
- ☑ 透明感がある
- ☑ 皮は毛穴が盛り上がっている
- ☑ ドリップがない

切って冷凍

❄ 冷凍室　2〜3週間

観音開きにしてから4等分に切り、氷水にくぐらせる。1切れずつラップに包む。保存袋に入れて冷凍する。

保存MEMO
冷蔵する場合は、水けをふき取り1切れずつペーパータオルに包みラップをすると1、2日保存できる。

長持ち

調味料に漬けて冷凍（しょうゆ味）

❄ 冷凍室　2〜3週間

1枚をスティック状に切る。調味料とともに保存袋に入れて冷凍する。

味つけ例
おろし玉ねぎ 大さじ2、しょうゆ・酒 各大さじ1と½、オリーブ油 大さじ1、こしょう 少々

こう使う！

炒めもの・焼きものに
- 野菜といっしょに、たれごと炒め合わせる
- アルミホイルに包んで焼く

味つけ

鶏ハムにして冷蔵

💧 冷蔵室　1週間

1枚を観音開きにし、塩・砂糖各小さじ½、酒大さじ½をまぶしてひと晩おく。ラップで包み、端を輪ゴムでとめる。かぶるくらいの水に入れ火にかけ、沸騰したら弱火で15分ゆで、そのまま粗熱をとる。保存袋に入れて冷蔵する。

アレンジ

- サラダや麺類などの具にする

すぐ食べ

豚薄切り肉

常温 ✕　冷蔵 ◯　冷凍 ◯

選び方
- ☑ 赤身のキメが細かい
- ☑ ツヤがよい
- ☑ ドリップがない

そのまま

小分けにして冷凍

❄ 冷凍室　2〜3週間

1枚ずつラップに包んで、保存袋に入れて冷凍する。

保存MEMO
冷蔵する場合は、1枚ずつペーパータオルに包み、3、4枚重ねてラップをすると2、3日保存できる。

味つけ

調味料に漬けて冷凍（しょうゆ味）

❄ 冷凍室　2〜3週間

200gを、調味料とともに保存袋に入れて冷凍する。

味つけ例
しょうゆ・酒・みりん 各大さじ1と½、ごま油 大さじ½、おろししょうが 1片分

こう使う！

炒めもの・焼きものに
- 野菜といっしょに炒め合わせる
- そのままフライパンで焼く

味つけ

肉巻きにして冷凍

❄ 冷凍室　2〜3週間

200gに塩・こしょう各少々をふる。にんじん1本を棒状に切り、ラップで巻いて電子レンジ（600W）で1分半加熱してから豚肉を巻く。保存袋に入れて冷凍する。

こう使う！

蒸しもの・鍋ものに
- 野菜といっしょに蒸す
- 鍋ものの具に加える

豚こま切れ肉

常温 × 　冷蔵 ○ 　冷凍 ○

選び方
- ☑ 赤身のキメが細かい
- ☑ ツヤがよい
- ☑ ドリップがない

小分けにして冷凍

❄ 冷凍室 　2〜3週間

氷水にくぐらせ、使いやすい量をラップに包む。保存袋に入れて冷凍する。

保存MEMO
氷水にくぐらせることで、冷凍中の乾燥や酸化が防げる。冷蔵保存の場合は、小分けにしてペーパータオルに包みラップをすると2、3日保存できる。

そのまま

調味料に漬けて冷凍（ピリ辛味）

❄ 冷凍室 　2〜3週間

200gを、調味料とともに保存袋に入れて冷凍する。

味つけ例
豆板醤 小さじ1/2、しょうゆ・酒・みりん 各大さじ1と1/2、ごま油 大さじ1/2

炒めもの・蒸しものに
- 野菜と炒め合わせる
- 野菜といっしょに蒸す

味つけ

調味料に漬けて冷凍（塩味）

❄ 冷凍室 　2〜3週間

200gを、調味料とともに保存袋に入れて冷凍する。

味つけ例
長ねぎ（みじん切り）1/3本分、水 大さじ2、鶏がらスープの素（顆粒）小さじ1、おろしにんにく 少々、塩・こしょう 各少々、ごま油 大さじ1

焼きもの・炒めものに
- そのままフライパンで焼く
- 野菜と炒め合わせる

味つけ

牛・豚ひき肉

| 常温 | × | 冷蔵 | ○ | 冷凍 | ○ |

選び方
- ☑ 牛は鮮やかな赤色
- ☑ 豚はきれいなピンク色
- ☑ ドリップがない

そのまま

折り目をつけて冷凍

❄ 冷凍室 / 2～3週間

保存袋に入れて薄くのばし、折り目をつけて冷凍する。

保存MEMO
冷蔵の場合は、同様にすると2日ほど保存できる。冷凍の方が鮮度を保てる。

味つけ

肉ダネにして冷凍

❄ 冷凍室 / 2～3週間

200gに玉ねぎのみじん切り1/4個分、パン粉大さじ4、卵1個、塩小さじ1/2、こしょう少々を混ぜて、肉ダネにする。保存袋に入れて薄くのばして冷凍する。

ハンバーグ・煮込みに
- 成形して焼いて、ハンバーグにする
- キャベツや白菜で包み、煮込む

すぐ食べ

炒めて冷凍

❄ 冷凍室 / 2～3週間

200gをサラダ油大さじ1/2でぽろぽろになるまで炒めて、酒大さじ1、塩、砂糖各大さじ1/2、こしょう少々をふって炒め合わせる。冷めたら保存袋に入れて冷凍する。

アレンジ
- 玉ねぎと炒めてドライカレーに
- のり巻きの具にする

鶏ひき肉

| 常温 | × | 冷蔵 | ○ | 冷凍 | ○ |

選び方
- ☑ 薄いピンク色
- ☑ ツヤがよい
- ☑ ドリップがない

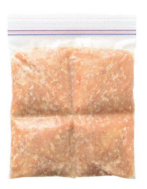

折り目をつけて冷凍

❄ 冷凍室 ▶ 2〜3週間

保存袋に入れて薄くのばして、折り目をつけて冷凍する。冷蔵の場合は、同様にすると2日ほど保存できる。

保存MEMO
菜箸などで1回に使う分量ごとに折り目をつけておくと、少しずつ解凍して使えるので便利。

そのまま

肉ダネにして冷凍

❄ 冷凍室 ▶ 2〜3週間

200gに長ねぎのみじん切り¼本分、おろししょうが1片分、酒、片栗粉大さじ1、塩小さじ½、ごま油½を加えてよく混ぜる。保存袋に入れて薄くのばして冷凍する。

こう使う！

汁もの・鍋ものに
- 団子状にしてスープや鍋ものの具に加える

味つけ

そぼろにして冷凍

❄ 冷凍室 ▶ 2〜3週間

200gに酒大さじ2、しょうゆ、砂糖各大さじ1と⅓をしっかり混ぜたら、ぽろぽろになるまで炒め合わせる。冷めたら保存袋に入れて薄くのばして冷凍する。

アレンジ

- オムレツの具にする
- ごはんに混ぜ合わせる
- 甘く煮たいもにのせる

すぐ食べ

豚かたまり肉

常温 ✕ ／ 冷蔵 ◯ ／ 冷凍 ◯

選び方
- ✓ ツヤと弾力がある
- ✓ 赤身の間に適度に白い脂がある
- ✓ ドリップがない

長持ち

切って冷凍

❄ 冷凍室 ／ 2〜3週間

2cm角くらいに切り分け、氷水にくぐらせる。保存袋に入れて冷凍する。冷蔵する場合は、かたまり肉のままペーパータオルに包んでラップをすると2、3日保存できる。

煮ものに・焼きものに
- 大根などと煮る
- サイコロステーキのように焼く

味つけ

塩漬けにして冷凍

❄ 冷凍室 ／ 2〜3週間

300〜400gに塩大さじ1をまぶしてラップで包む。ドリップが出てくるがふき取らずに2〜3日おく。水けをふき取り、保存袋に入れて冷凍する。

炒めもの・蒸しものに
- 食べやすく切って野菜と炒め合わせたり、蒸したりする

味つけ

調味料に漬けて冷凍（しょうゆ味）

❄ 冷凍室 ／ 2〜3週間

300〜400gを2cm角に切る。調味料とともに保存袋に入れて冷凍する。

味つけ例
しょうゆ・砂糖 各大さじ2、酒 大さじ1、長ねぎの青い部分 10cm程度

煮もの・焼きものに
- 調味料ごと鍋に入れ、水を足してゆっくり煮て角煮に
- グリルでじっくり焼く

豚厚切り肉

常温 ✕　冷蔵 ◯　冷凍 ◯

選び方

☑ 赤身が淡いピンク色
☑ 脂肪が白い
☑ ドリップがない

そのまま

氷水にくぐらせて冷凍

❄ 冷凍室 ／ 2〜3週間

すじ切りをしてから、氷水にくぐらせる。1切れずつラップに包み、保存袋に入れて冷凍する。

保存MEMO
冷凍する時は、すじ切りを忘れずに。肉が縮まず、解凍後もすぐに使えて便利。冷蔵する場合は、水けをふき取り1切れずつペーパータオルに包んでラップをすると2、3日保存できる。

味つけ

調味料に漬けて冷凍（カレー味）

❄ 冷凍室 ／ 2〜3週間

2枚（300g）をすじ切りする。調味料とともに保存袋に入れて冷凍する。

味つけ例
カレー粉 大さじ½、プレーンヨーグルト 大さじ4、トマトケチャップ 小さじ2、おろしにんにく ½片分、塩 小さじ⅓、こしょう 少々、オリーブ油 大さじ1

焼きもの・煮ものに
- 調味料をぬぐい、じっくり焼く
- 切ってカレーの具にする

味つけ

衣をつけて冷凍

❄ 冷凍室 ／ 2〜3週間

2枚（300g）をすじ切りして塩、こしょう各少々をふる。小麦粉大さじ4と大さじ4を混ぜてからめ、パン粉をたっぷりつけて保存袋に入れて冷凍する。

揚げものに
- 冷凍のまま低温に熱した揚げ油でじっくりと、最後は高温にしてカラッと揚げる

牛こま切れ肉

常温 ✕ ｜ 冷蔵 ◯ ｜ 冷凍 ◯

選び方
- ✅ 鮮やかな赤色
- ✅ ツヤがあり、キメが細かい
- ✅ ドリップがない

そのまま

小分けにして冷凍

❄ 冷凍室 ｜ 2〜3週間

氷水にくぐらせる。使いやすい量をラップに包んで、保存袋に入れて冷凍する。

保存MEMO
冷凍する場合は、小分けにしてペーパータオルに包んでラップをすると2、3日保存できる。

味つけ

調味料に漬けて冷凍（しょうゆ味）

❄ 冷凍室 ｜ 2〜3週間

200gを、調味料とともに保存袋に入れて冷凍する。

味つけ例
おろしにんにく½片分、しょうゆ・酒・砂糖 各大さじ1と⅓、ごま油 大さじ½、白すりごま 大さじ½

こう使う！ **煮ものに**
- 肉じゃがなどの具に加える

味つけ

調味料に漬けて冷凍（中華風）

❄ 冷凍室 ｜ 2〜3週間

200gを、調味料とともに保存袋に入れて冷凍する。

味つけ例
オイスターソース・酒 各大さじ1、しょうゆ 大さじ½、砂糖 小さじ1

こう使う！ **炒めものに**
- 野菜とさっと炒め合わせる

牛厚切り肉（カルビ肉・すね肉）

常温 ✕ ｜ 冷蔵 ◯ ｜ 冷凍 ◯

選び方
- ☑ キメが細かく鮮やかな赤身
- ☑ サシが均等に入っている
- ☑ ドリップがない

そのまま

氷水にくぐらせて冷凍

❄ 冷凍室 ｜ 2〜3週間

氷水にくぐらせる。1枚ずつラップに包み、保存袋に入れて冷凍する。

保存MEMO
解凍時にドリップがでやすいので、冷蔵庫解凍する。時間がない場合は流水解凍でもよい。冷蔵する場合は、ペーパータオルに包んでラップをすると2、3日保存できる。

味つけ

調味料に漬けて冷凍（焼き肉風）

❄ 冷凍室 ｜ 2〜3週間

200gを、調味料とともに保存袋に入れて冷凍する。

味つけ例
みそ・酒 各大さじ½、コチュジャン 小さじ1、塩 少々、ごま油 大さじ½

焼き肉・炒めものに
- 調味料をぬぐって焼く
- 野菜と炒め合わせる

すぐ食べ

ゆでて冷凍

❄ 冷凍室 ｜ 2〜3週間

牛すね肉に酒¼カップ、かぶるくらいの水を注いで、アクを取りながらやわらかくなるまで1時間半ほど下ゆでする。保存袋に汁ごと入れて冷凍する。

アレンジ
- 煮汁ごと野菜と煮込んでユッケジャンスープやビーフシチューに

鶏ささみ肉

常温 ✕　冷蔵 ◯　冷凍 ◯

選び方
- ✓ ピンク色で透明感がある
- ✓ 身にハリがある
- ✓ ドリップがない

そのまま

1本ずつラップに包んで冷凍

❄ 冷凍室　2～3週間

すじを取り除く。1本ずつラップに包み、保存袋に入れて冷凍する。冷蔵する場合は、水けをふき取り1本ずつペーパータオルに包んでラップをすると1、2日保存できる。

保存MEMO
すじは、加熱したときの肉が縮む原因になるので冷凍前に取り除いて。

味つけ

調味料に漬けて冷凍（レモン塩味）

❄ 冷凍室　2～3週間

4本(200g)のすじを取り、ひと口大に切る。調味料とともに保存袋に入れて冷凍する。

味つけ例
レモンの輪切り 2枚、オリーブ油・酒 各大さじ1/2、塩 小さじ1/2、こしょう 少々

こう使う！　焼きもの・炒めものに
- アルミホイルに包んで焼く
- 野菜といっしょに炒め合わせる

すぐ食べ

ゆでて汁ごと冷蔵

💧 冷蔵室　4～5日

4本(200g)のすじを取り、鍋に入れる。ひたひたの水、酒小さじ1、塩小さじ1/2を加えて火にかけ、煮立ったら裏返して弱火で1分ゆでる。粗熱がとれたら、保存袋にゆで汁ごと入れて冷凍する。

アレンジ
- 身をほぐし、ごまだれで和えて棒棒鶏（バンバンジー）に
- ゆで汁ごと使って、ごはんにほぐし身をのせ鶏がゆに

鶏手羽先・手羽元

常温 ✗ 　冷蔵 ◯ 　冷凍 ◯

選び方
- ☑ 皮にハリと弾力がある
- ☑ 身が締まってハリがある
- ☑ ドリップがない

そのまま

2本ずつラップに包んで冷凍

❄ 冷凍室 ／ 2〜3週間

2本ずつ向きが互い違いになるようにラップに包み、保存袋に入れて冷凍する。

保存MEMO
冷蔵する場合は、1本ずつペーパータオルに包み、ラップをして保存すると1、2日保存できる。

味つけ

調味料に漬けて冷凍（コンソメ味）

❄ 冷凍室 ／ 2〜3週間

5本に切り込みを入れる。調味料とともに保存袋に入れて冷凍する。

味つけ例
オリーブ油 大さじ½、白ワイン 大さじ2、コンソメスープの素（固形）¼個、塩 小さじ½、こしょう 少々

こう使う！

焼きものに
- そのままフライパンで焼く

すぐ食べ

焼いて冷凍

❄ 冷凍室 ／ 2〜3週間

6本を骨に沿って切り込みを入れる。塩小さじ½、こしょう少々をふり、サラダ油大さじ½を回しかけてグリルで焼き、中まで火を通す。ラップにのせて包み、保存袋に入れて冷凍する。

アレンジ

- 凍ったまま、野菜といっしょに煮込んでポトフに
- ほぐして、サラダや麺類にトッピングする

鶏レバー

| 常温 | × | 冷蔵 | ○ | 冷凍 | ○ |

選び方
- ☑ 赤みが鮮やか
- ☑ ツヤとハリがある
- ☑ 弾力がある

長持ち

下処理をして切り分けて冷凍

❄ 冷凍室 ▶ 2〜3週間

ひと口大に切って、薄い塩水を入れたボウルに30分ほどつけて血を取り除く。手でぐるぐると回し、水を替えて2〜3回繰り返してよく洗う。水けをふき取り、保存袋に入れて冷凍する。

保存MEMO
冷蔵の場合は、同様にすると2日ほど保存できる。傷みやすいので冷凍がおすすめ。

味つけ

調味料に漬けて冷凍（しょうゆ味）

❄ 冷凍室 ▶ 2〜3週間

200gを上のように下処理し、水けをふき取る。調味料とともに保存袋に入れて冷凍する。

味つけ例
おろしにんにく 少々、しょうゆ・酒 各大さじ1、砂糖 小さじ1、ごま油 小さじ1

こう使う！

炒めもの・焼きものに
- レバニラ炒めに
- アルミホイルに包んで焼く

すぐ食べ

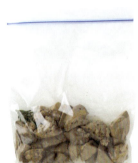

ゆでて味をつけて冷蔵

💧 冷蔵室 ▶ 1〜2週間

200gを上のように下処理し、熱湯で3分ほどゆでる。水けをふき取り、塩小さじ1/2強、粗びき黒こしょう 少々、オリーブ油 大さじ2、ローズマリー 1本とともに保存袋に入れて冷蔵する。

アレンジ

- パスタの具にする
- ミキサーにかけ、ペースト状にしてレバーパテを作る

ハム

開封したら、乾きやすくなるのでラップに包んで密閉して。

| 常温 | × | 冷蔵 | ○ | 冷凍 | ○ |

❄ 冷凍室 　2～3か月

真空パックのまま冷凍

真空パックのものならそのまま冷凍する。開封後は、ラップに包んで保存袋に入れて冷凍する。

ベーコン

脂が多いので酸化しやすい。空気にふれないよう、ラップに包んで。

| 常温 | × | 冷蔵 | ○ | 冷凍 | ○ |

❄ 冷凍室 　2～3か月

ラップに包んで冷凍

10cm長さに切って、小分けにしてラップに包み、保存袋に入れて冷凍する。

ソーセージ

凍ったまま加熱調理ができるので便利。

| 常温 | × | 冷蔵 | ○ | 冷凍 | ○ |

❄ 冷凍室 　2～3か月

切り目を入れて冷凍

斜めに切り目を入れてから、保存袋に入れて冷凍する。

生ハム

密封保存すれば風味が落ちずにキープできる。

| 常温 | × | 冷蔵 | ○ | 冷凍 | ○ |

❄ 冷凍室 　2～3か月

小分けにして冷凍

小分けにしてラップに包み、保存袋に入れて冷凍する。

ランチに、お弁当に、あと1品に
自家製冷凍食品

お弁当やランチにすぐ食べられる、便利な冷凍おかずです。

子どもも大好き！お弁当のおかずにも
ミートボールの甘酢あん

⏱ 20分

冷凍室 3週間

解凍 電子レンジで 5分

材料（4人分）

- 豚ひき肉……………………500g
- A
  - 酒……………………大さじ1
  - しょうゆ………………小さじ2
  - 長ねぎ（みじん切り）……1本分
  - 卵………………………1個
  - 片栗粉…………………大さじ3
- 揚げ油…………………………適量
- B
  - 鶏がらスープの素……小さじ1
  - 水………………………1と¼カップ
  - 砂糖……………………大さじ3
  - しょうゆ、酢、片栗粉
    ……………各大さじ1と½

作り方

1. ボウルに豚ひき肉と A を合わせてしっかり混ぜる。手にサラダ油（分量外）をつけて20等分に丸める。
2. フライパンに揚げ油を1cmほど入れ、180℃に熱し、1 を転がしながら5分ほど揚げて油をきる。
3. 小鍋によく混ぜた B を合わせて、とろみがつくまでかき混ぜながら火にかける。
4. 保存袋に 2 と 3 を入れて冷凍する。

ごはんがすすむ、しっかり味の定番おかず
きんぴらごぼう

⏱ 15分

冷凍室 3週間

解凍 電子レンジで 2分

材料（4人分）

- ごぼう…………………………1本
- にんじん……………………大1本
- 赤唐辛子（小口切り）…………1本
- ごま油………………………大さじ1
- A
  - 砂糖、しょうゆ、酒
    ……………各大さじ1と½

作り方

1. ごぼうは皮をこそげて、せん切りにして水にさらす。にんじんもせん切りにする。
2. フライパンにごま油を熱し、水けを切ったごぼうと赤唐辛子を炒める。油がまわったら、にんじんも加え炒める。
3. にんじんの色が鮮やかになったら、A を加えて汁けがなくなるまで炒り煮にする。
4. 冷めたらカップに分けて保存袋に入れて冷凍する。

解凍 電子レンジで **2**分

山いも入りで、パサつかない
もっちりおからの炒り煮

冷凍室 3週間

⏱ **20**分

材料（4人分）
生おから	200g
にんじん、長ねぎ	各⅓本
さやいんげん	6本
山いも（すりおろし）	50g
水	1カップ
かつお節	1パック(5g)
ごま油	小さじ1
A しょうゆ	大さじ1と½
酒、みりん	各大さじ1
塩	ひとつまみ

作り方
1 にんじんはせん切り、長ねぎは小口切り、さやいんげんは斜め薄切りにする。
2 鍋に分量の水、かつお節、にんじんを入れて、やわらかくなるまで煮る。おから、長ねぎ、さやいんげん、**A**を加えて汁気がなくなるまで煮る。
3 山いも、ごま油を加えて混ぜたら、ラップに包んで保存袋に入れて冷凍する。

解凍 電子レンジで **3**分

ごはんだけでなく麺にのせてもOK
中華丼の素

冷凍室 3週間

⏱ **15**分

材料（4人分）
豚バラ薄切り肉	120g
むきえび	100g
白菜	3枚
にんじん	⅓本
ヤングコーン	10本
さやえんどう	10g
ごま油	大さじ2
片栗粉	大さじ1
塩、こしょう	各適量
A 水	1と⅓カップ
鶏がらスープの素	小さじ1
しょうゆ、砂糖	各小さじ2
塩	小さじ½

作り方
1 豚肉はひと口大に切る。白菜はざく切りに、にんじんは短冊に切り、ヤングコーンは斜め半分に切り、さやえんどうはすじを取り半分に切る。
2 フライパンにごま油を熱し、豚肉を炒めて塩、こしょうをふる。肉の色が変わったら、えび、白菜、にんじん、ヤングコーンを加えて炒め合わせる。
3 **A**を加えて煮立てたら3分煮て、同量の水で溶いた片栗粉を回し入れてとろみをつけ、さやえんどうを加える。ラップに包んで保存袋に入れて冷凍する。

冷凍室 3週間

お肉も野菜もいっしょに摂れる
チンしてビビンバ

⏱ **15**分

解凍 電子レンジで **3**分

材料（4人分）

- 牛もも肉（焼き肉用）……200g
- 豆もやし……300g
- パプリカ（赤）……1個
- ほうれん草……300g
- 小麦粉……適量
- 塩……少々
- ごま油……大さじ ½
- 焼肉のたれ（市販）……大さじ 2
- **A** 白ごま（半ずり）、ごま油……各大さじ 1
  - 塩……小さじ ¾
  - おろしにんにく、こしょう……各少々

作り方

1. 牛肉は細切りにして小麦粉を薄くまぶす。ごま油で炒めて色が変わったら焼き肉のたれを加えて炒め合わせる。
2. 鍋に湯を沸かし塩を加えて、豆もやしをゆで、ザルにあげる。せん切りにしたパプリカも同じ湯でゆでて、ザルにあげる。同じ湯でほうれん草をゆでて水にとり、しっかり水けを絞って5cm長さに切る。野菜を **A** であえる。
3. 4等分にした **2** の上に、**1** を等分にのせてラップに包んで保存袋に入れて冷凍する。

・・・・・・・・・・・・・・・・・・・・・・・・・・・・・・・・・・・・

冷凍室 2週間

丸ごと冷凍で、ラクチンお弁当
のり弁

⏱ **25**分

解凍 電子レンジで **5**分
自然解凍でもOK

材料（4人分）

- 塩さけ……4切れ
- ししとう……8本
- ちくわ……4本
- れんこん……½節（150g）
- ごはん……4杯分
- 焼きのり（全形）……4枚
- しょうゆ、サラダ油……各適量
- **A** 小麦粉、水……各大さじ 2
  - 青のり……ひとつまみ
- **B** めんつゆ（3倍濃縮）……大さじ 1
  - 水……大さじ ½
  - 赤唐辛子（小口切り）……½本分

作り方

1. さけとししとうは、サラダ油大さじ1をからめておく。アルミホイルにさけを並べてオーブントースターで10～15分こんがりと焼く。残り3分ほどでししとうも加えて、いっしょに焼いてししとうには塩少々（分量外）をふる。
2. ちくわは縦半分に切る。合わせた **A** をからめて、フライパンで揚げ焼きにする。
3. フライパンにサラダ油大さじ½程度を残し、薄切りにして水にさらしたれんこんを炒める。油が回ったら、**B** を加えて汁けがなくなるまで炒める。
4. 保存容器に1人分のごはんの半量を平らにならす。のり½枚としょうゆ少々をのせて、残りのごはん、のり½枚、しょうゆ少々も重ねる。**1**、**2**、**3** を1人分ずつのせてしっかりふたを閉めて保存袋に入れて冷凍する。

冷凍室 3週間

解凍 冷蔵室で約 **1** 日

見た目がキュートで、おやつにもピッタリ

フルーツサンド

⏱ **15分**

材料（4人分）

サンドイッチ用食パン	8枚
キウイフルーツ	2個
黄桃（缶詰）	½缶
いちご	4個
生クリーム	1パック
砂糖	20g

作り方

1 キウイフルーツは、いちょう切りにする。黄桃は半分に切り、いちごはヘタをとり縦半分に切る。

2 ボウルに生クリームと砂糖を合わせて泡立てる。

3 食パンに **2** を塗り **1** を等分に並べて、その上に **2**、食パンを重ねてサンドする。1つずつラップに包んで保存容器に入れて、しっかりとふたを閉めて冷凍する。

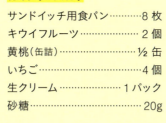

冷凍室 3週間

解凍 冷蔵室で約 **1** 日

食べだしたら止まらないおいしさ

カリカリキャラメル大学いも

⏱ **25分**

材料（4人分）

さつまいも	1本
A 砂糖	90g
水	大さじ4
揚げ油	適量

作り方

1 さつまいもは1.5cm角のスティック状に切る。水にさらしてからしっかり水けをふいて、冷たい揚げ油に入れて火にかける。かさかさと軽くなるまで揚げる。

2 **A** をフライパンに熱し、泡が大きくなってキャラメル色になったら **1** を加えてからめる。オーブンペーパーに広げて、そのまま冷凍室で冷やし固める。

3 固まったら保存袋に入れて冷凍する。

# あじ

| 常温 × | 冷蔵 ○ | 冷凍 ○ |

選び方
- ☑ 目が澄んでいる
- ☑ 皮が銀色に光っている
- ☑ お腹の辺りにハリがある

長持ち

三枚におろして冷凍

❄ 冷凍室 ▶ 2〜3週間

三枚におろして、中骨、腹骨も取り除き氷水にくぐらせる。1枚ずつラップに包み、保存袋に入れて冷凍する。

保存MEMO

一尾魚は買ってきたらすぐに下処理をする。冷蔵する場合は、水けをふき取り1尾ずつラップに包んで保存袋に入れる。2、3日で使いきる。

すぐ食べ

すり身にして冷凍

❄ 冷凍室 ▶ 2〜3週間

2尾を三枚におろして、中骨、腹骨も取り除く。皮をむいてたたいてすり身にし、長ねぎのみじん切り½本分、塩小さじ⅓を混ぜる。保存袋に入れ薄くのばして冷凍する。

アレンジ
- 成形して、青じそにのせてなめろうに
- みそやしょうゆを加えて焼き、さんが焼きに

すぐ食べ

焼いてほぐして冷凍

❄ 冷凍室 ▶ 2〜3週間

2尾を塩小さじ1をふって15分おき、水けをふいて焼く。骨を取り除いてほぐし、白いりごま大さじ½を加える。小分けにしてラップに包み、保存袋に入れて冷凍する。

アレンジ
- ごはんと混ぜ合わせて、刻んだ青じそなどを加える
- 塩もみしたきゅうりとあえる

さんま

常温 ✕ 　冷蔵 ◯ 　冷凍 ◯

選び方
- ☑ 目が澄んでいる
- ☑ 口が黄色い
- ☑ お腹の辺りにハリがある

下処理をして冷凍

❄ 冷凍室 ▶ 2～3週間

三枚におろして、中骨、腹骨も取り除き、使いやすい長さに切り、氷水にくぐらせる。1枚ずつラップに包み、保存袋に入れて冷凍する。

保存MEMO
生臭くなりやすいので内臓などはしっかりと取り除き、水けはよく拭き取って。

長持ち

調味料に漬けて冷凍（しょうゆ味）

❄ 冷凍室 ▶ 2～3週間

2尾を下処理して筒切りにする。調味料とともに保存袋に入れて冷凍する。

味つけ例
しょうゆ・みりん・酒 各大さじ1、粉山椒 小さじ¼

焼きもの・揚げものに
- 調味料をぬぐって焼く
- 小麦粉や片栗粉をまぶして揚げる

味つけ

煮つけにして冷凍

❄ 冷凍室 ▶ 2～3週間

2尾を下処理して筒切りにし、調味料を煮立てた鍋に並べる。落し蓋をして10分ほど煮る。粗熱がとれたら汁ごと保存袋に入れて冷凍する。

味つけ例
水 1と½カップ、酒 大さじ3、しょうゆ・砂糖 各大さじ1、種を除きちぎった梅干し 2個分

アレンジ
- ソースとして煮汁ごとパスタにからめる
- 骨をとってほぐし、ごはんと混ぜ合わせる

すぐ食べ

いわし

| 常温 | × | 冷蔵 | ○ | 冷凍 | ○ |

選び方
- ☑ 目が澄んでいる
- ☑ 黒い斑点がはっきりしている
- ☑ お腹の辺りにハリがある

長持ち

下処理をして冷凍

❄ 冷凍室　2～3週間

頭と内臓を取りのぞきよく洗い、氷水にくぐらせる。1尾ずつラップに包み、保存袋に入れて冷凍する。

保存MEMO
冷蔵する場合は、水けをふき取り1尾ずつラップに包んで保存袋に入れる。2、3日で使いきる。

味つけ

調味料に漬けて冷凍（ハーブ味）

❄ 冷凍室　2～3週間

2尾を下処理し、手開きにして塩小さじ1/3をふって少しおき、汁けをふく。保存袋にいわしと調味料を入れて冷凍する。

味つけ例
ドライバジル 小さじ1/4、オリーブ油 大さじ1、白ワイン 大さじ1

こう使う！　**焼きものに**
- チーズとパン粉をのせて焼く

すぐ食べ

煮て冷凍

❄ 冷凍室　2～3週間

2尾を下処理し、調味料を煮立てた鍋に並べる。落しぶたをして10分ほど煮る。粗熱がとれたら汁ごと保存袋に入れて冷凍する。

味つけ例
水1カップ、めんつゆ(3倍濃縮) 大さじ3、酒 大さじ1、しょうがのせん切り 1片分

アレンジ
- 骨をとってほぐし、卵でとじる
- ひと口大に切り、調味料ごとパスタにからめる

さけ

常温 ✕ 　冷蔵 ◯ 　冷凍 ◯

選び方
- ☑ 色鮮やかでツヤがある
- ☑ 皮に光沢がある
- ☑ 皮の白と銀色がくっきり

氷水にくぐらせて冷凍

❄ 冷凍室　2～3週間

表面の水けをふき取り、氷水にくぐらせる。1切れずつラップに包み、冷凍する。

保存MEMO
冷蔵する場合は、水けをふき取り、1切れずつラップに包んで保存袋に入れる。2、3日で使いきる。

そのまま

調味料に漬けて冷凍（みそ味）

❄ 冷凍室　2～3週間

2切れの表面の水けをふき取る。調味料とともに保存袋に入れて冷凍する。

味つけ例
みそ 大さじ3、酒 大さじ2、みりん 大さじ1、砂糖 大さじ1/2

こう使う！
焼きものに
- アルミホイルに包んで焼く

味つけ

焼いてほぐして冷凍

❄ 冷凍室　2～3週間

2切れ（甘塩）を焼いて、骨と皮を除いて身をほぐす。小分けにしてラップに包み、保存袋に入れて冷凍する。

アレンジ

- おにぎりやチャーハンの具にする
- ごまや青じそ、削り節などと混ぜ合わせて、ふりかけに

すぐ食べ

かじき

常温 ✕ 　冷蔵 ○ 　冷凍 ○

選び方
- ☑ 身は薄いピンク色
- ☑ 切り口がなめらか
- ☑ 身に弾力がある

そのまま

氷水にくぐらせて冷凍

❄ 冷凍室 ▶ 2〜3週間

表面の水けをふき取って、氷水にくぐらせる。1切れずつラップに包み、保存袋に入れて冷凍する。

保存MEMO
冷蔵の場合は、水けをふき取り1切れずつラップに包んで保存袋に入れる。2、3日で使いきる。

味つけ

調味料に漬けて冷凍（中華味）

❄ 冷凍室 ▶ 2〜3週間

2切れの水けをふく。調味料とともに保存袋に入れて冷凍する。

味つけ例
オイスターソース 大さじ1、酒 大さじ1、しょうゆ 大さじ1/2、酢 小さじ1

煮もの・焼きものに
- 調味料ごと鍋に入れて煮付けにする
- フライパンなどで焼く

味つけ

調味料に漬けて冷凍（カレー味）

❄ 冷凍室 ▶ 2〜3週間

2切れをスティック状に切る。調味料とともに保存袋に入れて冷凍する。

味つけ例
塩 小さじ1/2、酒 大さじ1、カレー粉 小さじ1/2

焼きもの・揚げものに
- アルミホイルに包んで焼く
- 片栗粉をまぶして竜田揚げに

たら

| 常温 | × | 冷蔵 | ○ | 冷凍 | ○ |

選び方
- ☑ 身に透明感がある
- ☑ 皮に光沢とハリがある
- ☑ 身に弾力がある

塩をふって冷凍

❄ 冷凍室 ▶ 2〜3週間

塩をふって10分おき、表面の水けをふき取って氷水にくぐらせる。1切れずつラップに包み、保存袋に入れて冷凍する。

保存MEMO
鮮度が落ちやすいので、冷凍保存がおすすめ。冷蔵の場合は、水けをふき取り1切れずつラップに包んで保存袋に入れる。2、3日で使いきる。

そのまま

調味料に漬けて冷凍（みそ味）

❄ 冷凍室 ▶ 2〜3週間

2切れをラップにのせ、調味料を両面に塗る。保存袋に入れて冷凍する。

味つけ例
みそ・酒・砂糖 各大さじ1

焼きものに
- 調味料をぬぐって焼く
- アルミホイルに包んで焼く

味つけ

衣をつけて冷凍

❄ 冷凍室 ▶ 2〜3週間

2切れに塩小さじ½をふって15分おき、表面の水けをふき取る。小麦粉大さじ3、水大さじ3を溶いたバッター液にからめ、たっぷりのパン粉をまぶす。保存袋に入れて冷凍する。

ソテー・揚げものに
- バターでソテーしてムニエルにする
- 衣をつけて揚げる

味つけ

ぶり

| 常温 × | 冷蔵 ○ | 冷凍 ○ |

選び方
- ☑ 血合いの部分が色鮮やか
- ☑ 身に透明感がありピンク色
- ☑ 身が割れていないもの

そのまま

氷水にくぐらせて冷凍

❄ 冷凍室 | 2〜3週間

表面の水けをふき取って、氷水にくぐらせる。1切れずつラップに包み、保存袋に入れて冷凍する。

保存MEMO
冷蔵する場合は、水けをふき取り1切れずつラップに包んで保存袋に入れる。2、3日で使いきる。

味つけ

調味料に漬けて冷凍（しょうゆ味）

❄ 冷凍室 | 2〜3週間

2切れを調味料とともに保存袋に入れて冷凍する。

味つけ例
しょうゆ 大さじ1と1/2、酒・みりん 各大さじ1、すりごま 大さじ1、しょうがの絞り汁 小さじ1、ごま油 大さじ1/2

焼きものに
- フライパンなどで照り焼きに

味つけ

調味料に漬けて冷凍（ピリ辛味）

❄ 冷凍室 | 2〜3週間

2切れを調味料とともに保存袋に入れて冷凍する。

味つけ例
コチュジャン 大さじ1、みそ・しょうゆ 各大さじ1/2、酒・砂糖 各大さじ1

煮ものに
- 調味料ごと野菜と煮る

さば

常温 ✗ 　冷蔵 ◯ 　冷凍 ◯

選び方
- ☑ 血合いの色がくっきり
- ☑ 皮に光沢とハリがある
- ☑ 身に弾力がある

そのまま

氷水にくぐらせて冷凍

❄ 冷凍室　2～3週間

表面の水けをふき取って、氷水にくぐらせる。1切れずつラップに包み、保存袋に入れて冷凍する。

保存MEMO
傷みやすいので、新鮮なうちに冷凍がおすすめ。冷蔵する場合は、水けをふき取り1切れずつラップに包んで保存袋に入れる。1、2日で使いきる。

味つけ

調味料に漬けて冷凍（カレー味）

❄ 冷凍室　2～3週間

2切れ（半身）を調味料とともに保存袋に入れて冷凍する。

味つけ例
カレー粉 小さじ½、オリーブ油 大さじ2、コンソメスープの素（固形）¼個、塩 小さじ½、こしょう 少々

揚げものに
- 小麦粉をまぶして揚げる

すぐ食べ

塩焼きにして冷凍

❄ 冷凍室　2～3週間

2切れ（半身）に塩小さじ½をふって15分おき、表面の水けをふき取ってから焼く。1切れずつラップに包み、保存袋に入れて冷凍する。

アレンジ
- ほぐして、ごまを加えて混ぜごはんにする
- トマトや玉ねぎなどのスライスとマヨネーズを合わせてサンドイッチに

まぐろのさく

| 常温 | × | 冷蔵 | ○ | 冷凍 | ○ |

選び方
- ✓ 赤身は色鮮やかで弾力がある
- ✓ 白身はツヤがあり透明感がある
- ✓ ドリップがない

そのまま

氷水にくぐらせて冷凍

❄ 冷凍室 ／ 2週間

表面の水けをしっかりふき取り、氷水にくぐらせる。さくのままラップに包み、保存袋に入れて冷凍する。

保存MEMO
解凍のものの刺身は再冷凍ができないので注意。

味つけ

漬けにして冷凍（しょうゆ味）

❄ 冷凍室 ／ 2週間

200gを、調味料とともに保存袋に入れて冷凍する。

味つけ例
しょうゆ 大さじ2、みりん 大さじ1、わさび 小さじ1/4

丼ものに
- 汁けをきってごはんにのせて鉄火丼をつくる

再冷凍は禁止！

家庭の冷凍で気をつけたいのは、再冷凍をしないこと。雑菌が繁殖しやすくなったり、解凍してもおいしくありません。特に刺身は解凍ものが多くあるので、パックの中にドリップ（水分）がでているか調べたり、商品表示をしっかりチェックして買い求めましょう。

いか

| 常温 | × | 冷蔵 | ○ | 冷凍 | ○ |

選び方
- ☑ 透明感や光沢がある
- ☑ 目が黒くて丸い
- ☑ 身に弾力がある

胴、足、えんぺらに分けて冷凍

❄ 冷凍室　2～3週間

足を引っ張り胴と離して、わたを取り除く。えんぺらを引っ張り胴の皮をむいたら水けをふく。それぞれラップに包み、保存袋に入れて冷凍する。冷蔵の場合は、同様にすると1、2日保存できる。

揚げもの・炒めものに
- 衣をつけてフライや天ぷらに
- 野菜と炒め合わせる

長持ち

食べやすく切って冷凍

❄ 冷凍室　2～3週間

胴に細かく切り込みを入れ、食べやすい大きさに切る。小分けにしてラップに包み、保存袋に入れて冷凍する。

炒めもの・揚げものに
- 野菜といっしょに炒め合わせる
- 天ぷらにする

長持ち

調味料に漬けて冷凍（しょうゆ味）

❄ 冷凍室　2～3週間

胴は輪切りにして、足は食べやすい長さに切り水けをふき取る。調味料とともに保存袋に入れて冷凍する。

味つけ例
しょうゆ・酒・みりん 各大さじ2、砂糖 大さじ½

炒めもの・焼きものに
- アスパラガスやにんじんなどと炒める
- オーブントースターなどで焼く

味つけ

119

えび

常温 ✕　冷蔵 ◯　冷凍 ◯

選び方
- ✅ 殻に透明感がある
- ✅ 尾が黒ずんでいない

そのまま

背わたを取って冷凍

❄ 冷凍室　2〜3週間

頭と背わたを取る。小分けにしてラップにのせて包み、保存袋に入れて冷凍する。

保存MEMO
有頭えびの場合、頭は傷みやすいので必ず取り除く。冷蔵の場合は、同様にすると1、2日保存できる。

長持ち

ゆでて殻をむいて冷凍

❄ 冷凍室　2〜3週間

頭と背わたを取ってゆで、粗熱がとれたら殻をむく。保存袋に入れて冷凍する。

こう使う！
中華あん・トッピングに
- 野菜と炒めとろみをつけて中華風あんに
- サラダや麺類などにトッピングする

味つけ

すり身にして冷凍

❄ 冷凍室　2〜3週間

15尾(正味350g)の殻をむいてたたき、しょうがの絞り汁1片分、酒大さじ½、片栗粉大さじ1、卵白1個分、塩小さじ½を混ぜる。小分けにしてラップに包んで、保存袋に入れて冷凍する。

こう使う！
汁もの・鍋ものに
- 成形して、汁ものや鍋ものの具に加える

ゆでだこ

常温 ✕ 　冷蔵 ◯ 　冷凍 ◯

選び方
☑ 身が締まってハリがある
☑ 足の先まで巻いている

食べやすく切って冷凍

❄ 冷凍室　2～3週間

表面の水けをふき取り、乱切りにする。保存袋に入れて冷凍する。

揚げもの・あえものに
- 凍ったまま、から揚げに
- わかめなどと合わせて、ポン酢しょうゆをかける

＞ 長持ち

刻んで小分けにして冷凍

❄ 冷凍室　2～3週間

表面の水けをふき取る。刻んで小分けにしてラップに包み、保存袋に入れて冷凍する。

たこ焼き・炒めものに
- たこ焼きの具にする
- 凍ったまま、野菜と炒め合わせる

＞ 長持ち

煮つけて冷凍

❄ 冷凍室　2～3週間

150g（解凍でないもの）を洗って刻み、だし汁¾カップ、酒 大さじ1と½、しょうゆ 大さじ1、みりん 小さじ1、塩 少々で5分ほど煮て、粗熱をとる。汁ごと保存袋に入れて冷凍する。

アレンジ
- 米といっしょに炊き込む
- きゅうりや大根などとあえる

＞ すぐ食べ

あさり・しじみ・ほたて

| 常温 | × | 冷蔵 | 〇 | 冷凍 | 〇 |

選び方
- ☑ 殻が閉まっている
- ☑ ツヤとハリがある
- ☑ 粒がふっくらしている

長持ち

砂出しをして冷凍

❄ 冷凍室 ▶ **2〜3週間**

砂出しをしてよく洗い、氷水にくぐらせる。生のまま保存袋に入れて冷凍する。ほたては小分けにしてからラップに包んで冷凍する。冷蔵の場合、あさり・しじみは塩水に漬けると2、3日保存できる。ほたては当日中に使いきる。

保存MEMO
あさりやしじみ、はまぐりなどの殻つき貝は、砂抜きを忘れずに。

すぐ食べ

マリネにして冷凍

❄ 冷凍室 ▶ **2〜3週間**

ほたて6個(150g)は厚みを半分に切る。レモンの輪切り2枚、塩 小さじ½、オリーブ油 大さじ1、こしょう 少々とともに保存袋に入れて冷凍する。

 アレンジ

- アルミホイルに包んで焼く
- 汁ごと野菜とあえてサラダに

すぐ食べ

しぐれ煮にして冷凍

❄ 冷凍室 ▶ **2〜3週間**

あさりのむき身200gをしょうがのせん切り2片分、しょうゆ、酒、みりん各大さじ2、砂糖小さじ½でアクを取りつつ汁けがなくなるまで煮る。小分けにしてラップに包み、保存袋に入れて冷凍する。

 アレンジ

- 和風パスタの具にする
- ゆでた青菜などとあえる

イクラ

選び方
☑ 粒がはっきりしている
☑ 色が鮮やか

常温 ✕ ／ 冷蔵 ○ ／ 冷凍 ○

アルミカップに入れて冷凍

冷凍室 1か月

アルミカップに小分けにしてラップに包み、保存袋に入れて冷凍する。冷蔵の場合は、塩やしょうゆで味つけをして密閉容器に入れる。2、3日で使いきる。

保存MEMO
アルミカップなどに小分けにすることで、ラップに包むよりもつぶれにくくなる。

とびっこ

選び方
☑ 粒がはっきりしている
☑ 色が鮮やか

常温 ✕ ／ 冷蔵 ○ ／ 冷凍 ○

ラップに包んで冷凍

冷凍室 1か月

小分けにしてラップに包み、保存袋に入れて冷凍する。冷蔵の場合は、塩やしょうゆで味つけをして密閉容器に入れる。2、3日で使いきる。

保存MEMO
こぼれやすいのでアルミカップよりもラップに包むのがおすすめ。

たらこ・明太子

常温 ✕ 　冷蔵 ◯ 　冷凍 ◯

選び方
- ☑ 皮が破れていない
- ☑ ふっくらとしている
- ☑ 合成着色料を使っていない

そのまま

保存容器に入れて冷蔵

❄ 冷蔵室　1週間

パックから取り出して、軽く水けをふく。保存容器に入れて冷蔵する。

保存MEMO
買ってきたときのパックには水分や汚れが残っているので、必ず取り出して保存する。冷凍しても味が落ちにくい。

長持ち

切り分けて冷凍

❄ 冷凍室　1か月

ひと口サイズに切る。小分けにしてラップに包み、保存袋に入れて冷凍する。

ごはん・トッピングに
- ごはんのおかずに添える
- 麺類やサラダにトッピングする

すぐ食べ

焼いて冷凍

❄ 冷凍室　1か月

焼いてから、ひと口サイズに切る。小分けにしてラップに包み、保存袋に入れて冷凍する。

アレンジ
- ほぐしてきゅうりなどとあえる
- ポテトサラダと混ぜてタラモサラダに

124　魚介類 ▶ たらこ・明太子 / あじの開き / ししゃも

あじの開き

常温	冷蔵	冷凍
×	○	○

選び方
- ☑ 丸みをおびた形のもの
- ☑ 赤みのあるべっこう色のもの

ラップに包んで冷凍

❄ 冷凍室 ▶ 1か月

1枚ずつラップに包み、保存袋に入れて冷凍する。冷蔵の場合は、同様にすると4日ほど保存できるが、製品によるので、なるべく早めに食べたほうがよい。

保存MEMO
保存袋には尾と頭を互い違いに入れると、重ならずにきれいに詰められる。

ししゃも

常温	冷蔵	冷凍
×	○	○

選び方
- ☑ 色鮮やかなもの
- ☑ ふっくらとしている
- ☑ 腹が割れていない

小分けにして冷凍

❄ 冷凍室 ▶ 1か月

2、3尾ごとに小分けにしてラップに包み、保存袋に入れて冷凍する。冷蔵の場合は、同様にすると3、4日保存できる。

保存MEMO
しょうゆやみりんなどで味つけをして保存袋に入れてもよい。1か月半ほどもつ。

しらす干し

常温 ✕　冷蔵 ○　冷凍 ○

選び方
- ☑ ふっくらとしている
- ☑ 折れたりしていない
- ☑ 黄ばんでいないもの

小分けにしてラップに包んで冷凍

❄ 冷凍室　1か月

小分けにしてラップに包み、保存袋に入れて冷凍する。冷蔵の場合は、同様にすると5、6日保存できる。

こう使う！　あえもの・丼ものに
- きゅうりなどとあえてポン酢しょうゆをかける
- ごはんの上にのせてしらす丼に

ちりめんじゃこ

常温 ✕　冷蔵 ○　冷凍 ○

選び方
- ☑ 消費期限が先のもの

保存袋に入れて冷凍

❄ 冷凍室　1か月

そのまま保存袋に入れて冷凍する。冷蔵の場合は、同様にすると1～2週間保存できる。

こう使う！　具材・トッピングに
- おにぎりの具に
- 野菜サラダにトッピングする

うなぎの蒲焼き

常温 ✕　冷蔵 ◯　冷凍 ◯

選び方
- ☑ 焼き加減がちょうどよい
- ☑ 幅が広くてふっくらしている
- ☑ 身が厚いもの

刻んでラップに包んで冷凍

❄ 冷凍室　1か月

食べやすく刻み、小分けにしてラップに包み、保存袋に入れて冷凍する。冷蔵の場合は同様にすると2、3日保存できる。

こう使う！

あえもの・丼ものに
- 刻んだきゅうりなどとあえる
- ごはんの上にのせてひつまぶし風にする

かまぼこ

常温 ✕　冷蔵 ◯　冷凍 ◯

選び方
- ☑ 賞味期限が先のもの

薄切りにして冷凍

❄ 冷凍室　1か月

板からはずして、使いやすい厚さに切る。保存袋に入れて冷凍する。

保存MEMO
冷蔵の場合は、板をつけたままラップに包んで保存袋に入れる。1週間ほど保存できる。

ちくわ

選び方
☑ 消費期限が先のもの

常温 ✕ 　冷蔵 ○ 　冷凍 ○

保存袋に入れて冷凍

❄ 冷凍室 ▶ 1か月

そのまま保存袋に入れて冷凍する。冷蔵の場合は、1本ずつラップに包み保存袋に入れる。1、2日で使いきる。

保存MEMO
使いやすい大きさに切ってから保存してもよい。凍ったまま煮ものや炒めものに。

さつま揚げ

選び方
☑ 消費期限が先のもの

常温 ✕ 　冷蔵 ○ 　冷凍 ○

油抜きをして切って冷凍

❄ 冷凍室 ▶ 1か月

熱湯をかけて油抜きをして、水けをふき取る。使いやすい大きさに切って保存袋に入れて冷凍する。冷蔵の場合は、1枚ずつラップに包み保存袋に入れると1週間ほど保存できる。

保存MEMO
酸化をおさえ、長持ちするので、油抜きは忘れずに。

> 余った食材でできる！

自家製おかずミックス

ちょっとずつ野菜が余ってしまったというときはまとめて冷凍すると便利です。
肉や魚とまとめて、味付けまでしておいてもOKです。

冷凍室 2週間

残り野菜ミックス

材料（作りやすい分量）
玉ねぎ、にんじん、
ピーマン　など

作り方
にんじんは薄切りに、その他は1cm幅の細切りにして保存袋に入れて冷凍する。

使い方 カレー、シチュー、野菜炒め、焼肉などに

冷凍室 2週間

根菜ミックス

材料（作りやすい分量）
ごぼう、にんじん、
れんこん　など

作り方
5mm厚さくらいの薄切りにして、保存袋に入れて冷凍する。

チェンジOK！ ごぼう、れんこん ⇒ 里いも、さつまいも

冷凍室 2週間

肉野菜炒めミックス

材料（作りやすい分量）
にんじん … 1/3本（短冊切り）
玉ねぎ … 1/2個
　（1cm幅のくし形切り）
キャベツ … 3枚（ざく切り）
豚こま切れ肉 … 200g

作り方
豚肉に混ぜ合わせた調味料をもみこみ、保存袋に肉、野菜の順に入れて冷凍する。

味つけ例
オイスターソース 大さじ1
しょうゆ 大さじ1/2
酒 大さじ1
ごま油 大さじ1/2

味かえ コチュジャンをプラスしてピリ辛に

冷凍室 2週間

たらの蒸しものミックス

材料（作りやすい分量）
塩たら … 2切れ

作り方
保存袋に塩たら、調味料を入れて冷凍する。

味つけ例
梅肉 大さじ1
みりん 大さじ1

チェンジOK！ たら ⇒ さけ

卵

| 常温 | × | 冷蔵 | ○ | 冷凍 | ○ |

=== 選び方 ===
- ☑ 消費期限が先のもの
- ☑ 黄身が盛り上がっている
- ☑ 白身に弾力があるもの

そのまま

パックのまま冷蔵

💧 冷蔵室　2週間

パックのまま冷蔵する。ドアポケットは扉の開け閉めによる温度変化が大きいのでなるべく避ける。

保存MEMO
ゆで卵にして冷蔵もできるが、日持ちは2、3日ほど。溶き卵が余ったときはすぐ冷凍するか、当日中に火を通しておく。

長持ち

卵黄と卵白に分けて冷凍

❄ 冷凍室　1か月

卵黄と卵白に分けて、それぞれラップにのせてきんちゃくのようにして包む。口を輪ゴムなどで閉じる。保存袋に入れて冷凍する。

お菓子作りに
- カスタードクリーム、クッキーやケーキなどに
- 卵白を半解凍にしてメレンゲにする

炒り卵にして冷凍

❄️ 冷凍室　1か月

4個をよく溶きほぐし、酒大さじ2、砂糖大さじ1、塩ひとつまみを加える。弱火のフライパンで、菜箸で混ぜながらぽろぽろになるまで炒る。冷めたら小分けにしてラップに包み、保存袋に入れて冷凍する。

アレンジ

- 鶏そぼろ、きぬさやといっしょにごはんにのせて三色丼に
- サラダにトッピングする

錦糸卵にして冷凍

❄️ 冷凍室　1か月

4個をよく溶きほぐし、砂糖大さじ1、塩ひとつまみを加え、薄焼き卵を作る。冷ましたらせん切りにする。小分けにしてラップに包み、保存袋に入れて冷凍する。

アレンジ

- ちらし寿司にトッピングする
- 春雨や野菜といっしょにあえる

卵焼きにして冷凍

❄️ 冷凍室　1か月

3個をよく溶きほぐし、砂糖、だし汁各大さじ1、しょうゆ小さじ2/3を加え、卵焼きにする。冷めたら切り分けて、小分けにしてラップに包み、保存袋に入れて冷凍する。

アレンジ

- 細長く切り、巻き寿司の具に
- あんかけをつくり、かける

すぐ食べ　すぐ食べ　すぐ食べ

チーズ

常温 ✕ （プロセスチーズ○）　冷蔵 ○　冷凍 ○

選び方
- ☑ 賞味期限や輸入日を確認
- ☑ 色が均一なもの
- ☑ 乾燥していないもの

ラップに包んで冷蔵

💧 冷蔵室　1～2週間

ラップに包んで、保存袋に入れて冷蔵する。

保存MEMO
チーズの種類によっても保存期間は様々だが、目安は1～2週間ほど。水け、乾燥などに気をつけて保存して。

保存袋に入れて冷凍

❄ 冷凍室　1か月

ピザ用チーズは保存袋に入れて冷凍する。

こう使う！ トッピングに
- 凍ったままパンやグラタンなどにのせて焼く

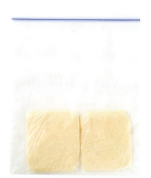

粉チーズにして冷凍

❄ 冷凍室　1か月

ハードチーズはかたまりのままだと冷凍できないので、おろして粉チーズにする。小分けにしてラップに包み、保存袋に入れて冷凍する。

こう使う！ トッピングに
- 凍ったままパスタにかける

ヨーグルト

選び方
☑ 賞味期限が先のもの

| 常温 | × | 冷蔵 | ○ | 冷凍 | △ |

そのまま

パッケージのまま冷蔵

💧 冷蔵室 ｜ 1〜2週間

パッケージのふたをしっかりと閉めて、立てて冷蔵する。

保存MEMO
少し残ったときは、余らせず使いきって。タンドリーチキンの味つけ、サラダのドレッシングなどにも。

長持ち

保存袋に入れて冷凍

❄ 冷凍室 ｜ 1か月

保存袋に入れ、薄くのばして冷凍する。分離するので砂糖を混ぜるか、加糖タイプのもので。

こう使う！

そのまま・スムージーに
- 半解凍くらいでフローズンヨーグルトにする
- 果物とミキサーにかけてスムージーに

開封後はしっかりと密封！

乳製品やきのこのような他の食品のにおいが移りやすいものは、開け口やふたをしっかりと閉じることが大切。牛乳などのパック類は、口をクリップで留めると効果的。また、漬けものなどにおいの強い食品とは離すように。

牛乳

常温 ✕ 　冷蔵 ◯ 　冷凍 ◯

選び方
☑ 消費期限が先のもの

保存袋に入れて冷凍

❄ 冷凍室　2週間

保存袋に入れて冷凍する。開封しなければパックのままでも10日ほど冷蔵できるが、開けたら2、3日で飲みきる。

保存MEMO
解凍するときは冷蔵庫で。成分が分離していることもあるので、よく混ぜてから使う。

生クリーム

常温 ✕ 　冷蔵 ◯ 　冷凍 ◯

選び方
☑ 消費期限が先のもの

ホイップして冷凍

❄ 冷凍室　1か月

砂糖を加えて泡立て、使いやすい分量をラップに包み、保存袋に入れて冷凍する。

こう使う！
デザート・コーヒーに
● デザートに添える
● 凍ったまま、コーヒーに入れる

卵・乳製品 ▶ 牛乳 / 生クリーム / バター / マーガリン

バター

常温 × 　冷蔵 ○ 　冷凍 ○

選び方
 消費期限が先のもの

小分けにして冷凍

❄ 冷凍室 ｜ 1か月

10gずつに切って、ラップに包み、保存袋に入れて冷凍する。

保存MEMO
未開封なら冷蔵で6か月、冷凍で1年保存できるが、小分けにした方が便利。

マーガリン

常温 × 　冷蔵 ○ 　冷凍 ×

選び方
 消費期限が先のもの

パッケージのまま冷蔵

💧 冷蔵室 ｜ 6か月ほど

パッケージのまま、ふたをして冷蔵。開封後は2週間くらいで使いきる。

保存MEMO
冷凍保存は、水分が分離するので不向き。チルドやパーシャル室にもおかない。

豆腐

常温	冷蔵	冷凍
×	○	△

（食感が変化する）

選び方
☑ 消費期限が先のもの

水を抜いてパックごと冷凍

❄ 冷凍室　1か月

パックの封を少し切り、水を出しきる。パックごと保存袋に入れて冷凍する。

保存MEMO
冷凍したものはボソボソと固い食感に変わる。しかし水分が抜けて味がしみやすい状態になっているので、煮ものや炒めものに使うとよい。

油揚げ

常温	冷蔵	冷凍
×	○	○

選び方
☑ 消費期限が先のもの

油抜きをして冷凍

❄ 冷凍室　1か月

熱湯をかけて油抜きをして、水けをふき取る。短冊切りにして保存袋に入れて冷凍する。

こう使う！
汁もの・煮ものに
● 凍ったまま、汁ものや煮ものの具にする

厚揚げ

選び方
☑ 消費期限が先のもの

常温	冷蔵	冷凍
×	○	○

油抜きをして冷凍

❄ 冷凍室　1か月

熱湯を回しかけて油抜きをして、水けをふき取る。使いやすい大きさに切って、保存袋に入れて冷凍する。

こう使う！　煮もの・汁ものに
- 凍ったまま、煮ものや汁ものの具にする

高野豆腐

選び方
☑ 消費期限が先のもの

常温	冷蔵	冷凍
○	○	○
（冷暗所）		

もどして切って冷凍

❄ 冷凍室　6か月

水でもどして食べやすく切る。水けをきらずに保存袋に入れて冷凍する。冷暗所の場合は、そのまま保存袋に入れると1か月保存できる。

こう使う！　煮ものに
- 凍ったまま、煮ものの具にする

大豆

常温 ○　冷蔵 ○　冷凍 ○
（もどす前）

選び方
- ☑ 形、粒がそろっている
- ☑ ツヤがある
- ☑ 傷、皮の破れがない

もどしてゆでて冷凍

❄ 冷凍室　1か月

ひと晩、水に浸けてもどし、もどし汁ごと火にかけてアクを取りながら50分ほどゆでる。塩少々を加えて、そのまま冷まし、ざっと汁けをきって保存袋に入れて冷凍する。

保存MEMO
解凍したときは、うまみが逃げないように洗わずにそのまま使う。冷蔵の場合は、味つけをして密閉容器に入れると4、5日保存できる。

おから

常温 ×　冷蔵 ○　冷凍 ○

選び方
- ☑ 消費期限が先のもの

小分けにしてラップに包んで冷凍

❄ 冷凍室　2週間

小分けにしてラップに包み、保存袋に入れて冷凍する。

保存MEMO
冷蔵では1日しかもたないので、炒り煮にしてから冷凍してもよい。

納豆

選び方
☑ 消費期限が先のもの

常温 ✕ 　冷蔵 ○ 　冷凍 ○

パッケージのまま冷凍

❄ 冷凍室　1か月

パッケージのまま保存袋に入れて冷凍する。

保存MEMO
味が落ちてしまうので、電子レンジ解凍はしない。冷凍しても納豆菌は生きているので、豆がやわらかくなっていることがあるが問題はない。

こんにゃく

選び方
☑ 消費期限が先のもの

常温 △ 　冷蔵 ○ 　冷凍 △
（開封前は冷暗所でも）　　（食感が変化する）

薄切りにして冷凍

❄ 冷凍室　1か月

薄切りにして、重ならないように保存袋に入れて冷凍する。冷蔵の場合は、水をはった密閉容器に入れると2、3日保存できる。

保存MEMO
解凍したら、水分を絞って使う。元の弾力はなくなるが凍みこんにゃくとして使える。味がしみやすいので、煮ものに使う。

塩

固まったらラップをかけずに電子レンジで15秒ほど加熱して

- 常温 ○
- 冷蔵 ○
- 冷凍 ○

（冷暗所）

🗄 冷暗所 ｜ 期限なし

密閉容器に入れて冷暗所

開封後は密閉容器に入れて、しっかりとふたを閉めて冷暗所で保存する。

砂糖

固まってしまったら、霧を吹いて密閉しておく

- 常温 ○
- 冷蔵 ○
- 冷凍 ○

（冷暗所）

🗄 冷暗所 ｜ 期限なし

密閉容器に入れて冷暗所

開封後は密閉容器に入れて、しっかりとふたを閉めて冷暗所で保存する。

しょうゆ

開栓前は冷暗所においておく

- 常温 ○
- 冷蔵 ○
- 冷凍 ×

（冷暗所）

💧 冷蔵室 ｜ 1か月

ふたを閉めて冷蔵

開栓後はしっかりとふたを閉めて、冷蔵室で保存する。

みそ

空気に触れると劣化するので常に密閉して

- 常温 ○
- 冷蔵 ○
- 冷凍 ○

（冷暗所）

💧 冷蔵室 ｜ 2か月

空気にふれないよう密閉して冷蔵

開封後は空気に触れないようにしっかりとふたを閉めて、冷蔵室で保存する。

酢

ポン酢しょうゆの場合は開栓したら冷蔵で保存して

常温 ○ ／ 冷蔵 ○ ／ 冷凍 ✕
（冷暗所）

🧺 冷暗所 ▶ 6か月

ふたを閉めて冷暗所

開栓後はしっかりとふたを閉めて、冷暗所で保存する。

料理酒

開栓前は冷暗所で1年ほど保存が可能

常温 ○ ／ 冷蔵 ○ ／ 冷凍 ✕
（冷暗所）

💧 冷蔵室 ▶ 2か月

ふたを閉めて冷蔵

開栓後はしっかりとふたを閉めて、冷蔵室で保存する。

みりん

開栓前は冷暗所で1年ほど保存が可能

常温 ○ ／ 冷蔵 ○ ／ 冷凍 ✕
（冷暗所）

💧 冷蔵室 ▶ 3か月

ふたを閉めて冷蔵

開栓後はしっかりとふたを閉めて、冷蔵室で保存する。本みりんは開封後でも冷暗所で保存可能。

粉末だし

温度や光によって変質しやすいので保管場所に注意

常温 ○ ／ 冷蔵 ○ ／ 冷凍 ○
（冷暗所）

🧺 常温 ▶ 2か月

密閉容器に入れて常温

開封後は密閉容器に入れて、しっかりとふたを閉めて常温で保存する。あれば乾燥剤を入れるとより長持ちする。

はちみつ

結晶化してしまうので
冷蔵・冷凍はできない

| 常温 | ○ | 冷蔵 | × | 冷凍 | △ |

（冷暗所）

🧊 常温 ／ 賞味期限まで

ふたを閉めて常温

開封後はしっかりとふたを閉めて、常温で保存する。使用後はふた周囲の汚れをふく。

サラダ油

酸化や光に弱く変質しやすいので保存は冷暗所で

| 常温 | ○ | 冷蔵 | ○ | 冷凍 | × |

（冷暗所）

🧊 冷暗所 ／ 1〜2か月

ふたを閉めて冷暗所

開栓後は空気にふれないようにしっかりとふたを閉めて冷暗所で保存する。

マヨネーズ

開栓後は空気を抜いて
酸化を防止しておいしさキープ

| 常温 | △ | 冷蔵 | ○ | 冷凍 | × |

（開栓前は冷暗所でも）

💧 冷蔵室 ／ 1か月

空気を抜いてふたを閉めて冷蔵

開栓後はチューブの口の汚れをふいて、空気を抜きしっかりふたを閉めて冷蔵室で保存する。

トマトケチャップ

分離して水分が出てきたら
よくふって混ぜて使って

| 常温 | △ | 冷蔵 | ○ | 冷凍 | × |

（開栓前は冷暗所でも）

💧 冷蔵室 ／ 1か月

空気を抜いてふたを閉めて冷蔵

開栓後はチューブの口の汚れをふいて、空気を抜きしっかりふたを閉めて冷蔵室で保存する。

調味料 ▶ はちみつ / サラダ油 / マヨネーズ / トマトケチャップ / 粒マスタード / レモン果汁 / カレールウ / シチュールウ

粒マスタード

分離してしまったら
よくかき混ぜてから使って

常温 △　冷蔵 ○　冷凍 ×
（開栓前は冷暗所でも）

💧 冷蔵室　1か月

ふたを閉めて冷蔵

開栓後はしっかりふたを閉めて、冷蔵室で保存する。

レモン果汁

しっかりとふたを閉めて保存すると
それほど風味も落ちない

常温 △　冷蔵 ○　冷凍 ○
（開栓前は冷暗所でも）

💧 冷蔵室　1〜2週間

ふたを閉めて冷蔵

開栓後はしっかりふたを閉めて、冷蔵室で保存する。

カレールウ

開封前のものは常温で
1年以上保存可能

常温 △　冷蔵 ○　冷凍 ○
（開封前は冷暗所でも）

💧 冷蔵室　3か月

ラップに包んで保存袋に入れて冷蔵

開封後はラップに包んで、保存袋に入れて冷蔵室で保存する。

シチュールウ（フレーク状）

常温においておくと、フレークが
かたまってしまうので冷蔵で保存

常温 △　冷蔵 ○　冷凍 ○
（開封前は冷暗所でも）

💧 冷蔵室　3か月

保存袋に入れて冷蔵

保存袋に入れて冷蔵室で保存する。

ソース

常温においてしまいがちだが、開栓したら冷蔵で保存を

| 常温 △ | 冷蔵 ○ | 冷凍 × |

（開栓前は冷暗所でも）

💧 冷蔵室　1〜2か月

ふたを閉めて冷蔵

開栓後はしっかりふたを閉めて、冷蔵室で保存する。ソースがかたまりやすいので、使うたびにふく。

ドレッシング

開栓前なら常温でもよいが、日光が直接当たらない場所に

| 常温 △ | 冷蔵 ○ | 冷凍 × |

（開栓前は冷暗所でも）

💧 冷蔵室　1か月

ふたを閉めて冷蔵

開栓後はしっかりふたを閉めて、冷蔵室で保存する。非加熱処理タイプのものは開栓前でも冷蔵で保存する。

焼き肉のたれ

開栓したら発酵しやすいので冷蔵で保存すること

| 常温 △ | 冷蔵 ○ | 冷凍 × |

（開栓前は冷暗所でも）

💧 冷蔵室　2週間

ふたを閉めて冷蔵

開栓後はしっかりふたを閉めて、冷蔵室で保存する。常温においておくと発酵する可能性があるので注意。

チューブの薬味

汚れがたまってふたが閉まらなくならないように気をつけて

| 常温 △ | 冷蔵 ○ | 冷凍 × |

（開栓前は冷暗所でも）

💧 冷蔵室　1か月

空気を抜いて冷蔵

開栓後はチューブの口の汚れをふいて、空気を抜きしっかりふたを閉めて冷蔵室で保存する。

スパイス（粉）

香りや風味を保つにはパッケージから密閉できる容器に移し替えて

常温 ◯　冷蔵 ◯　冷凍 ◯

🗑 常温　賞味期限まで

密閉容器に入れて常温

開封後は光を通さない密閉容器に入れる。しっかりとふたを閉めて常温で保存する。

スパイス（ホール）

湿気や酸化でせっかくの風味を損なわないよう容器に移し替えて

常温 ◯　冷蔵 ◯　冷凍 ◯

🗑 常温　賞味期限まで

密閉容器に入れて常温

開封後は光を通さない密閉容器に入れる。しっかりとふたを閉めて常温で保存する。

ごま

湿気に弱い食材なので開封後は密閉容器に移し替えて

常温 ◯　冷蔵 ◯　冷凍 △
（冷暗所）

🗑 冷暗所　1年

密閉容器に入れて冷暗所

開封後は光を通さない密閉容器に入れる。しっかりとふたを閉めて冷暗所で保存する。

ナッツ

脂肪分の多いナッツ類は酸化しやすいのでしっかり密閉して

常温 ◯　冷蔵 ◯　冷凍 ◯
（冷暗所）

🗑 冷暗所　賞味期限まで

密閉容器に入れて冷暗所

開封後は光を通さない密閉容器に入れる。しっかりとふたを閉めて冷暗所で保存する。

にぼし

カチカチにかたまらないので使う分だけ取り出せる

常温 ○　冷蔵 ○　冷凍 ○

❄ 冷凍室　1か月

保存袋に入れて冷凍

保存袋に入れて冷凍する。凍ったままだしが取れる。

かつおぶし

開封後は湿気を吸いやすいので冷凍室へ

常温 ○　冷蔵 ○　冷凍 ○

❄ 冷凍室　1〜2か月

保存袋に入れて冷凍

保存袋に入れて冷凍する。凍ったまま冷や奴やおひたしにのせる。

ジャム

食べるときは清潔なスプーンやナイフを使ってカビが生えるのを防いで

常温 △　冷蔵 ○　冷凍 ○
（開栓前は冷暗所でも）

💧 冷蔵室　2週間

ふたを閉めて冷蔵

開栓前は常温で保存。開栓後はしっかりとふたを閉めて冷蔵する。容器の口やふたはふいてきれいにして。

ピーナッツバター

食べるときは清潔なスプーンやナイフを使ってカビが生えるのを防いで

常温 △　冷蔵 ○　冷凍 ✕
（開栓前は冷暗所でも）

💧 冷蔵室　1か月

ふたを閉めて冷蔵

開栓後もしっかりとふたを閉めて冷蔵する。閉めにくくならないよう、容器の口やふたはふいてきれいにして。

コーヒー（レギュラー）

香りが大切なので、どの保存方法でもしっかりと封をすること

| 常温 | △ | 冷蔵 | ○ | 冷凍 | ○ |

（開封前は冷暗所でも）

💧 冷蔵室　1か月

密閉容器に入れて冷蔵

日に当たると酸化するので、光を通さない密閉容器に入れて、しっかりとふたを閉めて冷蔵する。

コーヒー（インスタント）

使いやすいよう小分けにして。冷凍が長持ち

| 常温 | △ | 冷蔵 | ○ | 冷凍 | ○ |

（開封前は冷暗所でも）

❄ 冷凍室　1か月

小分けにして冷凍

1杯分ずつラップに包み、保存袋に入れて冷凍する。

茶葉

温度や光によって変質しやすいので保存場所に注意

| 常温 | ○ | 冷蔵 | ○ | 冷凍 | ○ |

（冷暗所）

💧 冷蔵室　2週間〜1か月

保存袋に入れて冷蔵

袋のまま保存袋に入れて冷蔵する。冷凍するときは1杯分ずつ小分けにする。

お茶パック

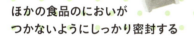

ほかの食品のにおいがつかないようにしっかり密封する

| 常温 | ○ | 冷蔵 | ○ | 冷凍 | ○ |

（冷暗所）

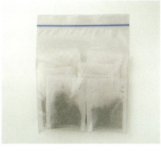

❄ 冷凍室　1年ほど

保存袋に入れて冷凍

未開封ならパッケージのままで冷凍。開封後は保存袋に入れて冷凍する。

米・ごはん

常温 ○（ごはん ✗） 冷蔵 ○ 冷凍 ○（米 ✗）

選び方
- ☑ 透明感がある
- ☑ 粒がそろっている
- ☑ 変色していない

そのまま

保存袋に入れて冷蔵

💧 冷蔵室 ▶ 1〜2か月

米は密封できる袋や、ペットボトルなどに入れて冷蔵室で保存する。使う分量ずつ小分けにするとより乾燥と酸化を防げる。

保存MEMO
常温でも保存できるが、虫がつくこともあるので基本的には米びつに入れて冷蔵室での保存がよい。

すぐ食べ

1人分ずつに分けて冷凍

❄ 冷凍室 ▶ 1か月

炊いたごはんは保存容器やラップに1人分ずつ入れて冷凍する。

保存MEMO
冷蔵の場合は、2日ほど保存できる。ごはんのでんぷんが劣化しやすくパサパサした食感になってしまうので、チャーハンやぞうすいなどに使うとよい。

すぐ食べ

おにぎりにして冷凍

❄ 冷凍室 ▶ 1か月

おにぎりを握る。1つずつラップに包み、保存袋に入れて冷凍する。

保存MEMO
具を入れてもよいが、たらこなどは電子レンジ加熱で破裂しやすいので注意。のりをまくときは解凍後に。

うどん

常温 ✕　冷蔵 ◯　冷凍 ◯

選び方
☑ 消費期限が先のもの

袋のまま冷凍

❄ 冷凍室　1か月

封を切っていなければ、袋ごと冷凍する。開封後は、1食分ずつラップに包み、保存袋に入れて冷凍する。冷蔵の場合は、5日保存できる。

保存MEMO
凍ったまま熱湯でほぐすか、煮込んで解凍する。焼きうどんなど汁なしの調理に使う場合は、電子レンジで半解凍してから炒めるとよい。

中華蒸し麺

常温 ✕　冷蔵 ◯　冷凍 ◯

選び方
☑ 消費期限が先のもの

袋のまま冷凍

❄ 冷凍室　1か月

封を切っていなければ、袋ごと冷凍する。開封後は、1食分ずつラップに包み、保存袋に入れて冷凍する。冷蔵の場合は、5日保存できる。

保存MEMO
未開封のものを電子レンジで解凍するときは、端に切り目を入れて爆発しないようにする。一度解凍したものは再冷凍できない。

その他乾麺

選び方
- ☑ 賞味期限が先のもの

常温 ○（冷暗所） 冷蔵 ○ 冷凍 ×

密閉容器に入れて冷暗所

 冷暗所 / 賞味期限まで

開封後は密閉容器に入れて、しっかりとふたを閉めて冷暗所で保存する。

保存MEMO
においが移りやすく、湿気を吸収しやすいので保存場所に注意。

その他生麺

選び方
- ☑ 消費期限が先のもの

常温 × 冷蔵 ○ 冷凍 ○

1食分ずつラップに包んで冷凍

 冷凍室 / 1か月

1食分ずつラップに包み、保存袋に入れて冷凍する。冷蔵の場合は、2〜3日保存できる。

保存MEMO
凍ったまま好みのかたさにゆでればOK。解凍する手間が省け、時短になる。

余った食材でできる！具入り冷凍パスタソース

うどんやそうめん、ごはんにもよく合うソースです。たくさん作って冷凍しておくと、とっても便利です。

冷凍パスタソースの使い方 電子レンジで温める ⇨ ゆでたパスタにからめる ⇨ 完成！

トマトとなすのミートソース

冷凍室 3週間

材料（4人分）
- 合いびき肉 …………… 300g
- 玉ねぎ（みじん切り） …… 1個分
- ミニトマト …………………… 8個
- なす（乱切り） ……………… 4個分
- トマト水煮（缶詰・400g） …… 2缶
- にんにく（みじん切り） …… 2片分
- 赤ワイン ………………… ½カップ
- 水 …………………………… 1カップ
- コンソメスープの素（固形） …… 1個
- 小麦粉、バター ……… 各大さじ2
- 塩 ………………………… 小さじ1
- こしょう ……………………… 少々

作り方
1. 鍋にバターを熱し玉ねぎを炒め、ひき肉も加えてしっかり焼き色がつくまで炒める。にんにくを加えて香りが立ったら、赤ワインを加えて水分がなくなるまで煮る。小麦粉を加えて炒め合わせる。
2. トマト水煮、コンソメスープの素、水を加えて30分ほど煮て、塩、こしょう、ミニトマトを加えさらに10分煮る。
3. 2に揚げ焼きにしたなすを加え、保存袋に入れ平らにならして冷凍する。

ささみといんげんのバジルソース

冷凍室 3週間

材料（4人分）
- 鶏ささみ ……………………… 4本
- さやいんげん ……………… 大8本
- A
  - バジル ………… 2パック（30g）
  - くるみ …………………… 20g
  - にんにく ………………… 1片
  - 塩 ………………………… 小さじ1
  - オリーブ油 …………… ½カップ
  - 粉チーズ ………………… 50g

作り方
1. 鶏ささみといんげんは塩ゆでし、ささみはひと口大にほぐす。さやいんげんは4cmの長さに切る。
2. Aをミキサーで混ぜて滑らかにしたら、1を加え、保存袋に入れ平らにならして冷凍する。

マッシュルームとえびのクリームソース

冷凍室 3週間

材料（4人分）
- むきえび ……………………… 150g
- ベーコン（2cm角切り） …… 3枚分
- マッシュルーム（薄切り） …… 15個分
- 玉ねぎ（2cm角切り） ……… 1個分
- 牛乳 ……………………… 2カップ
- 水 ………………………… 1カップ
- 小麦粉、バター ……… 各大さじ3
- 塩 ………………………… 小さじ1
- こしょう ……………………… 少々

作り方
1. フライパンにバターを熱し、玉ねぎ、ベーコンを炒める。小麦粉を加えて炒め合わせたら、分量の水を少しずつ加えて滑らかに溶きのばす。
2. えび、マッシュルーム、牛乳、塩、こしょうを加えたらとろみがつくまで5分ほど煮る。保存袋に入れ平らにならして冷凍する。

食パン・フランスパン

選び方
☑ 消費期限が先のもの

常温 ○　冷蔵 ✕　冷凍 ○

そのまま

ラップに包んで冷凍

食パンは1枚ずつラップに包み、保存袋に入れて冷凍する。

保存MEMO
冷蔵保存は乾燥して味が落ちるのでNG。冷凍保存がおすすめ。凍ったままフードプロセッサーにかけ、パン粉にしても。

そのまま

ラップに包んで冷凍

フランスパンは食べやすく切ってラップに包み、保存袋に入れて冷凍する。

保存MEMO
常温ではかたくなりやすいので、残った分は冷凍する。凍ったままトースターで焼けるので使いやすい。

長持ち

クルトンにして冷凍

❄ 冷凍室　1か月

かたくなったパンはひと口大に切り、フライパンに多めのオリーブ油を入れて揚げ焼きにし、クルトンに。保存袋に入れて冷凍する。

こう使う！ トッピングに
- コーンスープのトッピングに
- シーザーサラダにのせて

シリアル

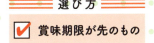
選び方
☑ 賞味期限が先のもの

常温 ○（冷暗所） 冷蔵 ○ 冷凍 ○

密閉容器に入れて冷凍

❄ 冷凍室 ▶ 賞味期限まで

開封後は密閉容器に入れて、しっかりとふたを閉めて冷凍する。冷暗所や冷蔵室でも保存できるが、劣化しやすいので2週間で食べきる。

保存MEMO
自然解凍して食べる。簡単にほぐれるので、凍った状態でも食べられる。

ホットケーキ

選び方
☑ 賞味期限が先のもの

常温 × 冷蔵 ○ 冷凍 ○

ラップに包んで冷凍

❄ 冷凍室 ▶ 1か月

1枚ずつラップに包み、保存袋に入れて冷凍する。

保存MEMO
電子レンジ解凍してそのまま食べる。加熱しすぎるとかたくなるので注意。

切り餅

選び方
☑ 賞味期限が先のもの

常温 ✕ 　冷蔵 ✕ 　冷凍 ◯

保存袋に入れて冷凍

❄ 冷凍室 ｜ 1か月

保存袋に入れて冷凍する。

保存MEMO
餅はカビが生えやすいので、すぐに冷凍するのがよい。凍ったままトースターで焼ける。

ぎょうざの皮・春巻きの皮

選び方
☑ 賞味期限が先のもの

常温 ✕ 　冷蔵 ◯ 　冷凍 ◯

パッケージのまま冷凍

❄ 冷凍室 ｜ 1か月

開封前はパッケージのまま冷凍する。開封後はラップに包み、保存袋に入れて冷凍する。

保存MEMO
凍らせると少し破れやすくなる。好みのサイズに切ってスープの具にしたり、油でカリッと揚げておつまみやサラダのトッピングにしても。

小麦粉

常温 △（冷暗所） 冷蔵 △ 冷凍 ○

選び方
☑ 賞味期限が先のもの

密閉容器に入れて冷凍

❄ 冷凍室　1か月

開封後は密閉容器に入れて、しっかりとふたを閉めて冷凍する。

保存MEMO
冷暗所ではダニ、冷蔵庫では匂いがついたりカビが発生することがあるのでおすすめできない。冷凍室に入れても凍らずそのまま使えるが、結露しないよう取り出したらすぐにしまう。

パン粉

常温 ○（冷暗所） 冷蔵 ○ 冷凍 ○

選び方
☑ 賞味期限が先のもの

保存袋に入れて冷凍

❄ 冷凍室　1か月

開封後は保存袋に入れて冷凍する。

保存MEMO
湿気が入らないようにしっかりと密封するのがポイント。冷凍してもかたまらないので、そのまま使用する。

ケーキ

選び方
☑ 消費期限が先のもの

常温 ✕ （パウンドケーキ ◯） ／ 冷蔵 ◯ ／ 冷凍 ◯

ケースごと冷凍

❄ 冷凍室 ｜ 1か月

カットされたショートケーキを冷蔵する場合は乾燥やにおい移りしないようケースのまま冷凍する。ケースがない場合はふんわりラップで包んで保存容器に入れる。

保存MEMO
冷蔵室でも保存可能だが2日程度で食べきる。生の果物がのっている場合は、食感が変わるので取り除いてから冷凍する。

ラップに包んで冷凍

❄ 冷凍室 ｜ 1か月

ロールケーキは食べやすく切り分ける。1切れずつラップに包み、保存袋に入れて冷凍する。

保存MEMO
冷蔵室でも保存可能だが2、3日で食べきる。生の果物が入っているものは、水分が抜け食感が変わりやすいので冷凍保存にはむかない。

ラップに包んで冷凍

❄ 冷凍室 ｜ 1か月

パウンドケーキは食べやすく切り分ける。1切れずつラップに包み、保存袋に入れて冷凍する。バターがかたくなり食感が悪くなるので、冷蔵保存にはむいていない。

保存MEMO
バターがたくさん入っているので、夏場でなければ常温で1週間ほど保存可能。フルーツ入りのものは傷みやすいので注意。

ラップに包んで冷凍

❄ 冷凍室 ： 1か月

チーズケーキは食べやすく切り分ける。1切れずつラップに包み、保存袋に入れて冷凍する。

保存MEMO

冷蔵室でも保存可能だが3、4日で食べ切る。土台がついている場合、生地の水分でべちょべちょになってしまうことがあるので注意。

ラップに包んで保存容器に入れて冷凍

❄ 冷凍室 ： 1か月

レアチーズケーキは食べやすく切り分ける。1切れずつラップに包み、保存容器に入れて冷凍する。

保存MEMO

冷蔵室でも保存可能だが2日ほどで食べきる。ベイクドチーズケーキならば1週間ほど保存できる。

ラップに包んで保存容器に入れて冷凍

❄ 冷凍室 ： 2週間

シフォンケーキは食べやすく切り分ける。1切れずつラップに包み、保存容器に入れて冷凍する。

保存MEMO

冷蔵室でも保存可能だが2日ほどで食べきる。空気を抜くときは、シフォンケーキ自体が潰れないように注意。

ケーキの解凍方法

冷蔵室で解凍するケーキ
- 常温におくと一気に溶けて水っぽくなる
- 冷蔵室で4〜5時間を目安に
- ロールケーキやチーズケーキは半解凍でもおいしい

常温で解凍するケーキ
- 冷蔵室だと固くなったり、乾燥しやすい
- 常温で10〜30分を目安に
- シフォンケーキはラップを一度はずして、ふんわりとかけなおすと潰れにくい

和菓子
（まんじゅう・どら焼き・おはぎ・練りきり）

選び方
☑ 消費期限が先のもの

常温 ○ ／ 冷蔵 △ ／ 冷凍 ○
（解凍時）

ラップに包んで冷凍

❄ 冷凍室 ▶ 1か月

まんじゅう、どら焼きは1個ずつラップに包み、保存袋に入れて冷凍する。

保存MEMO
冷蔵もしくは常温解凍にして、そのまま食べる。どら焼きは電子レンジ解凍で温かくして食べるのもおすすめ。

ラップに包んで冷凍

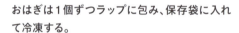

❄ 冷凍室 ▶ 1か月

おはぎは1個ずつラップに包み、保存袋に入れて冷凍する。

保存MEMO
冷蔵もしくは常温解凍がおすすめだが、時間がないときは電子レンジの低温加熱でもOK。加熱しすぎに注意。

ケースのまま冷凍

❄ 冷凍室 ▶ 1か月

練りきりはケースのまま冷凍する。ケースがない場合は1個ずつラップに包み、保存容器に入れて冷凍する。

保存MEMO
和菓子はでんぷんを多く含むので、長期間冷蔵するとかたくなってしまう。常温保存で食べきれない場合は早めに冷凍する。

その他お菓子
（ゼリー・プリン・ドーナッツ）

常温	冷蔵	冷凍
✕	○	○
（ドーナツ○）		

選び方
☑ 消費期限が先のもの

パッケージのまま冷凍

❄ 冷凍室　1か月

ゼリーはパッケージのまま冷凍する。

保存MEMO
常温保存可能なものもあるので、食品表示を確認して。半解凍ならシャーベットのように食べられる。

パッケージのまま冷凍

❄ 冷凍室　1か月

プリンはパッケージのまま冷凍する。

保存MEMO
常温解凍の場合、10分ほどで溶ける。焼きプリンや蒸しプリンは完全に解凍すると水分が出ておいしくなくなるので、半解凍がおすすめ。

ラップに包んで冷凍

❄ 冷凍室　1か月

ドーナッツは1個ずつラップに包み、保存袋に入れて冷凍する。

保存MEMO
常温保存もできるが、傷むのが早いのでなるべく冷蔵か冷凍する。クリームが入っているものは1日で、その他は2、3日で食べきって。

手作りで長持ち&おいしい！自家製保存食

たくさん食材を手に入れたときなどは、ひと手間加えた保存食を作ってみませんか。

揚げじゃこ

揚げ焼きにしたちりめんじゃこが香ばしい

⏱ 10分

❄ 冷蔵室　1か月

材料（作りやすい分量）
- ちりめんじゃこ……90g
- 白いりごま……大さじ½
- ごま油……大さじ1
- A
  - 酢……大さじ2
  - 酒……大さじ½

作り方
1. フライパンにごま油を熱し、ちりめんじゃこをカリカリになるまで炒め、白いりごまも加えてさっと炒め合わせる。
2. Aを加えて汁けがなくなるまで炒め合わせ、保存瓶に詰め、しっかりとふたを閉めて冷蔵する。

ミックスきのこなめたけ

いろんなきのこで味わい深い

⏱ 15分

❄ 冷蔵室　1か月

材料（作りやすい分量）
- えのきだけ……1パック
- 生しいたけ……4枚
- なめこ……1パック
- A
  - だし……1カップ
  - しょうゆ……大さじ1と½
  - 酒……大さじ1
  - 砂糖……小さじ2

作り方
1. えのきだけは根元を落として長さを半分にしてほぐす。しいたけは石づきを落として薄切りにする。なめこはさっと洗って水けをきる。
2. 鍋にAを煮立てて1を加え、アクを取りながらとろみがつくまで5分ほど煮る。保存瓶に煮汁といっしょに詰め、しっかりとふたを閉めて冷蔵する。

チェンジOK! えのきだけ、生しいたけ、なめこ ⇨ しめじ、まいたけ

注意：冷蔵室で保存する際は、必ず粗熱をとってから冷蔵室へ移動させる。

カレーにも、普段の食卓にも

福神漬け

⏱ **90分**

❄ 冷蔵室　1か月

材料（作りやすい分量）

- 大根……………………150g
- れんこん………………80g
- にんじん………………50g
- なす………………………1本
- きゅうり…………………1本
- 赤唐辛子（小口切り）……½本分
- しょうが（千切り）………1片分
- 昆布……………………2cm角
- 塩………………………小さじ2
- A
  - 酒、しょうゆ、みりん………各¼カップ
  - 酢………………………大さじ1
  - 黒砂糖（なければ砂糖）………大さじ2

作り方

1. きゅうりは5mm厚さの輪切り、残りの野菜は大きさを合わせていちょう切りか半月切りにする。れんこん以外は塩をふり、30分下漬けし、水洗いしてしっかり水けを絞る。れんこんは水にさらしてからしっかり水けをふく。
2. 鍋に**A**を煮立ててれんこんを加え、火をとめてそのまま粗熱をとる。塩もみした野菜とれんこん、しょうが、昆布、赤唐辛子を加えて保存瓶に詰め、しっかりとふたを閉めて冷蔵室でなじませる。

 チェンジOK!　れんこん、きゅうり ⇨ ごぼう、みょうが

ごはんのおともにぴったりなしっかり味で

昆布の佃煮

⏱ **25分**

❄ 冷蔵室　1か月

材料（作りやすい分量）

- 昆布……………………25g
- 白ごま…………………大さじ1
- A
  - 酒………………………¼カップ
  - 砂糖……………………大さじ2と½
  - みりん…………………大さじ2
  - しょうゆ………………大さじ3
  - 酢………………………小さじ1

作り方

1. 昆布はひたひたの水でもどして（もどし汁は取っておく）やわらかくゆでて、細切りにする。
2. 鍋に、昆布のもどし汁½カップ、昆布を入れて煮たて、**A**を加えて15分煮る。
3. 煮汁がなくなってきたら白ごまを加えて、照りが出るまで煮つめる。保存瓶に詰め、しっかりとふたを閉めて冷蔵する。

＼お刺身が／
アレンジ自在の
＼ツナに大変身／

自家製ツナ

⏱ **25分**

材料（作りやすい分量）

まぐろのさく（赤身）……… 400g
A ┃ 塩、砂糖……… 各大さじ½
　 ┃ 水………………………… 5カップ
　 ┃ ローリエ………………… 1枚
オリーブ油……………… 大さじ1

作り方

1. まぐろは保存瓶の大きさに合わせて食べやすい大きさに切る。
2. 鍋にAを煮立てたら、弱火にして1を加える。弱火のまま煮立てないように10〜15分ゆでる。保存瓶に煮汁といっしょに詰め、しっかりとふたを閉めて冷蔵する。

💧 冷蔵室　1か月

チェンジOK!　まぐろ ⇨ かつお

＼どんな料理にも使える／
ホロホロ肉

自家製コンビーフ

⏱ **130分**
（冷蔵庫で1〜2日
おく時間は除く）

材料（作りやすい分量）

牛肩ロース肉かたまり …… 500g
塩………………………… 大さじ1
ドライハーブ（タイム、セージなど）
………………………… 小さじ1
コンソメスープの素（固形）
………………………… ¼個
オリーブ油……………… 小さじ1

作り方

1. 牛肉は保存瓶に入る大きさに切って塩、ドライハーブをもみ込んで冷蔵室で1、2日おく。
2. 軽く洗って鍋に入れ、ひたひたの水とコンソメスープの素、オリーブ油を加えてやわらかくなるまで2時間ほど煮て、保存瓶に煮汁といっしょに詰め、しっかりとふたを閉めて冷蔵する。

💧 冷蔵室　1か月

チェンジOK!　牛肩ロース肉 ⇨ 牛もも肉、牛スネ肉

\ かきのうまみが凝縮！ /
\ おつまみにも！ /

かきのオイル漬け

⏱ 15分

冷蔵室 ／ 1か月

材料（作りやすい分量）
- かき(加熱用)……………500g
- しょうゆ……………大さじ1
- にんにく……………2片
- 赤唐辛子(種を除く)……1本
- オリーブ油……………1カップ

作り方
1. かきは洗って、フライパンで軽く水分を出すようにから炒りする。水けがなくなったらしょうゆを加えて煮つめる。
2. 保存瓶に1を詰めて、叩いたにんにく、赤唐辛子、オリーブ油を加え、しっかりとふたを閉めて冷蔵室でなじませる。

チェンジOK! かき ⇨ レバー

\ 濃厚なチーズとトマトの /
\ 酸味が絶妙 /

ドライトマトとクリームチーズのオイル漬け

⏱ 5分

冷蔵室 ／ 1か月

材料（作りやすい分量）
- セミドライトマト……………50g
- クリームチーズ……………50g
- オリーブ……………10個
- ドライハーブ……………小さじ¼
- 赤唐辛子……………½本
- オリーブ油……………1カップ

作り方
1. クリームチーズは、1.5cm角に切る。
2. 保存瓶に全ての材料を詰め、しっかりとふたを閉めて冷蔵室でなじませる。

チェンジOK! クリームチーズ ⇨ プロセスチーズ

＼やさしい味わいで／
＼料理にも使いやすい／

トマトケチャップ

⏱ **25分**

材料（作りやすい分量）

トマト水煮(缶詰) ……………… 1缶
おろしにんにく ……………… 少々
玉ねぎ(すりおろす) …… 大さじ2
赤唐辛子 ……………………… 1本
塩 …………………………… 大さじ½
酢 …………………………… 大さじ3
砂糖 ………………………… 大さじ2

作り方

1 トマト水煮は鍋に入れて半量まで煮詰める。
2 残りの材料を加えて10分ほど煮る。赤唐辛子を取り出してフードプロセッサーにかけるか、マッシャーなどで潰して滑らかにする。保存瓶に詰め、しっかりとふたを閉めて冷蔵する。

💧 冷蔵室　1か月

＼みかんがさわやか、／
＼だけど辛い／

みかんこしょう

⏱ **15分**

材料（作りやすい分量）

みかんの皮 …………… 大2個分
みかんの絞り汁 ……… 大さじ1
赤唐辛子 ……………………… 2本
塩 …………………………… 大さじ1

作り方

1 赤唐辛子は半分に切って種をとり、水につけてやわらかく戻す。
2 みかんの皮、絞り汁、赤唐辛子、塩をミキサーにかけて保存瓶に詰め、しっかりとふたを閉めて冷蔵する。

> ミキサーがない場合は、みじん切りにした赤唐辛子とすべての材料を合わせてペースト状になるまで包丁でたたき練る。

💧 冷蔵室　1か月

 みかん ⇨ ゆず

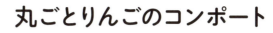

\\ りんごを丸ごと使って、見た目も楽しい //

丸ごとりんごのコンポート

 20分

材料（作りやすい分量）

- りんご……………………4個
- レモン……………………1個
- 砂糖………………………200g
- 水…………………………2と½カップ

作り方

1. レモンは、半分は薄切りにして、残りは果汁を絞る。
2. ステンレスの鍋に砂糖、分量の水、レモン汁、レモンの輪切りを入れる。
3. りんごは、丸ごと皮をむいて、皮といっしょに 2 に加え、中火にかける。煮立ったら弱火にしてりんごが半透明になるまで 10 分ほど煮て、保存瓶に煮汁といっしょに詰め、しっかりとふたを閉めて冷蔵する。

冷蔵室　1か月

 チェンジOK!　りんご ⇨ 洋なし

使い方　食べやすい大きさに切ってゼリーやシャーベットに

\\ ミルクが濃厚でやさしい味わい //

ミルクジャム

35分

材料（作りやすい分量）

- 生クリーム……………½カップ
- 牛乳……………………2カップ
- グラニュー糖…………100g

作り方

1. 鍋（ふきこぼれやすいので大きめの鍋）にすべての材料を合わせて煮立てたら、弱火で 20～30 分ほどとろみがつくまで煮つめる。保存瓶に詰め、しっかりとふたを閉めて冷蔵する。

冷蔵室　1か月

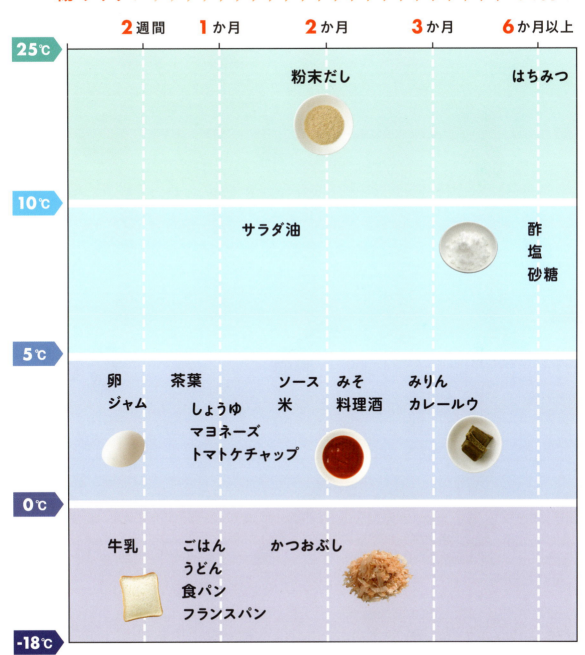

よく使う食材の保存法をチェック！
食材別保存法早見表

よく使う食材の保存方法と保存期間を一覧にしました。
どのように保存するのが、さっとチェックできます。

野菜類

キャベツ　P26

新聞紙などに包んで	冷蔵 2 週間
ひと口大に切って	冷凍 1 か月
ゆでて	冷凍 1 か月
ザワークラウトにして	冷蔵 1〜2 か月
塩もみして	冷凍 1 か月

にんじん　P30

新聞紙などに包んで	冷蔵 2 週間
いちょう切り	冷凍 1 か月
せん切り	冷凍 1 か月
ゆでて	冷凍 1 か月
塩きんぴらにして	冷凍 1 か月

玉ねぎ　P32

ネットに入れてつるす	冷暗所 2 か月
薄切り	冷凍 1 か月
炒めて	冷凍 1 か月
オーブンで焼いて	冷凍 1 か月
漬けて	冷蔵 10 日

ほうれん草　P34

ペーパータオルなどに包んで	冷蔵 1 週間
ざく切り	冷凍 1 か月
ゆでて	冷凍 1 か月
炒めて	冷凍 1 か月
ごまあえにして	冷凍 1 か月

じゃがいも　P38

新聞紙などに包んで	冷暗所 2〜3 か月
輪切り	冷凍 1 か月
ゆでて	冷凍 1 か月
マッシュポテトにして	冷凍 1 か月
いももちにして	冷凍 1 か月

トマト　P50

ペーパータオルなどに包んで	野菜室 1〜2 週間
ヘタを取って	冷凍 1 か月
ざく切り	冷凍 1 か月
ソース状にして	冷凍 1 か月
オイル漬けにして	冷蔵 1〜2 か月

大根　P52

ラップに包んで	冷蔵 1〜2 週間
いちょう切り	冷凍 1 か月
すりおろして	冷凍 1 か月
炒めて	冷凍 1 か月
だし煮にして	冷凍 1 か月

なす　P55

ペーパータオルなどに包んで	野菜室 1 か月
レンジ加熱して	冷凍 1 か月
焼いて	冷凍 1 か月

ピーマン・パプリカ　P56

新聞紙などに包んで	野菜室 2 週間
細長く切って	冷凍 1 か月
焼いて	冷凍 1 か月

ブロッコリー・カリフラワー　P57

ペーパータオルなどに包んで	冷蔵 1〜2 週間
ゆでて	冷凍 1 か月
漬けて	冷蔵 1〜2 週間

きゅうり　P58

ペーパータオルなどに包んで	野菜室 1 週間
塩もみして	冷凍 1 か月
漬けて	冷凍 1 か月

アスパラガス　P60

ペーパータオルなどに包んで	冷蔵 3、4 日
斜め薄切りにして	冷凍 1 か月
ゆでて	冷凍 1 か月

きのこ P66 	もやし P69 	長ねぎ・小ねぎ P70
ペーパータオルなどに包んで　冷蔵1週間		ラップに包んで（長ねぎ）　冷蔵1週間
薄切り　冷凍1か月	熱湯をかけて　冷蔵2、3日	新聞紙などに包んで（小ねぎ）　冷蔵1週間
数種類混ぜて　冷凍1か月	洗って水けをふいて　冷凍1か月	小口切り　冷凍1か月
炒めて　冷凍1か月	ゆでて味つけして　冷凍1か月	ねぎみそ　冷凍1か月
ゆでて　冷凍1か月		

果物類

にんにく P71	しょうが P72	りんご P81
ペーパータオルなどに包んで　冷蔵1〜2か月	新聞紙などに包んで　冷暗所2週間	袋の口を閉めて　冷蔵1〜2か月
皮をむいて　冷凍1か月	好みにカットして　冷凍1か月	くし形切り　冷凍1か月
漬けて　冷蔵1年	漬けて　冷蔵1週間	コンポート　冷凍1か月

レモン P82	オレンジ・グレープフルーツ P84	みかん P84
保存袋に入れて　野菜室1か月		
果汁を搾って　冷凍1か月	薄皮をむいて　冷凍1か月	ぬらして　冷凍1か月
漬けて　冷蔵1〜2か月		

肉類

バナナ P85	キウイフルーツ P85 	鶏もも肉 P92
		1切れずつ　冷凍2〜3週間
		角切りにして　冷凍2〜3週間
輪切り　冷凍1か月	輪切りか半月切り　冷凍1か月	調味料に漬けて　冷凍2〜3週間

鶏むね肉 P93	豚薄切り肉 P94	豚こま切れ肉 P95
切って　冷凍2〜3週間	小分けにして　冷凍2〜3週間	小分けにして　冷凍2〜3週間
調味料に漬けて　冷凍2〜3週間	調味料に漬けて　冷凍2〜3週間	調味料に漬けて　冷凍2〜3週間
鶏ハムにして　冷蔵1週間	肉巻きにして　冷凍2〜3週間	

牛こま切れ肉	P100	鶏手羽先・手羽元	P103	ハム	P105
小分けにして	冷凍 2〜3 週間	2本ずつラップに包んで	冷凍 2〜3 週間		
調味料に漬けて	冷凍 2〜3 週間	調味料に漬けて	冷凍 2〜3 週間		
		焼いて	冷凍 2〜3 週間	真空パックのまま	冷凍 2〜3 か月

魚介類

ベーコン	P105	ソーセージ	P105	あじ	P110
				三枚におろしして	冷凍 2〜3 週間
				すり身にして	冷凍 2〜3 週間
ラップに包んで	冷凍 2〜3 か月	切り目を入れて	冷凍 2〜3 か月	焼いてほぐして	冷凍 2〜3 週間

さけ	P113	さば	P117	まぐろのさく	P118
氷水にくぐらせて	冷凍 2〜3 週間	氷水にくぐらせて	冷凍 2〜3 週間	氷水にくぐらせて	冷凍 2 週間
調味料に漬けて	冷凍 2〜3 週間	調味料に漬けて	冷凍 2〜3 週間	漬けにして	冷凍 2 週間
焼いてほぐして	冷凍 2〜3 週間	塩焼きにして	冷凍 2〜3 週間		

えび	P120	あさり・しじみ・ほたて	P122	たらこ・明太子	P124
背わたを取って	冷凍 2〜3 週間	砂出しをして	冷凍 2〜3 週間	保存容器に入れて	冷蔵 1 週間
ゆでて殻をむいて	冷凍 2〜3 週間	マリネにして	冷凍 2〜3 週間	切り分けて	冷凍 1 か月
すり身にして	冷凍 2〜3 週間	しぐれ煮にして	冷凍 2〜3 週間	焼いて	冷凍 1 か月

あじの開き	P125	しらす干し	P126	ちくわ	P128
ラップに包んで	冷凍 1 か月	小分けにしてラップに包んで	冷凍 1 か月	保存袋に入れて	冷凍 1 か月

卵・乳製品

卵　P130

パックのまま	冷蔵 2 週間
卵黄と卵白に分けて	冷凍 1 か月
炒り卵にして	冷凍 1 か月
錦糸卵にして	冷凍 1 か月
卵焼きにして	冷凍 1 か月

チーズ　P132

ラップに包んで	冷蔵 1〜2 週間
保存袋に入れて	冷凍 1 か月
粉チーズにして	冷凍 1 か月

ヨーグルト　P133

パッケージのまま	冷蔵 1〜2 週間
保存袋に入れて	冷凍 1 か月

牛乳　P134

保存袋に入れて	冷凍 2 週間

大豆製品

豆腐　P136

水を抜いてパックごと	冷凍 1 か月

納豆　P139

パッケージのまま	冷凍 1 か月

調味料

塩／砂糖　P140

密閉容器に入れて	冷暗所 期限なし

しょうゆ　P140

ふたを閉めて	冷蔵 1 か月

粉末だし　P141

密閉容器に入れて	常温 2 か月

サラダ油　P142

ふたを閉めて	冷暗所 1〜2 か月

マヨネーズ／トマトケチャップ　P142

空気を抜いてふたを閉めて	冷蔵 1 か月

ドレッシング　P144

ふたを閉めて	冷蔵 1 か月

穀類・その他

ジャム　P146

ふたを閉めて	冷蔵 2 週間

茶葉　P147

保存袋に入れて	冷蔵 2 週間〜1 か月

米・ごはん　P148

保存袋に入れて（米）	冷蔵 1〜2 か月
1 人分ずつに分けて（ごはん）	冷凍 1 か月
おにぎり（ごはん）	冷凍 1 か月

乾麺　P150

密閉容器に入れて	冷暗所 賞味期限まで

食パン・フランスパン　P152

ラップに包んで	冷凍 1 か月
クルトン	冷凍 1 か月

小麦粉　P155

密閉容器に入れて	冷凍 1 か月

食材、目的別 50音さくいん

食材別

あ

- 青じそ ······················· 75
- あさり ························ 122
- あじ ··························· 110
- あじの開き ················· 125
- アスパラガス ·············· 60
- 厚揚げ ······················· 137
- 油揚げ ······················· 136
- アボカド ····················· 89
- いか ··························· 119
- イクラ ························ 123
- いちご ······················· 80
- いわし ······················· 112
- うどん ························ 149
- うなぎの蒲焼き ·········· 127
- 枝豆 ··························· 64
- えび ··························· 120
- おから ························ 138
- オクラ ························ 62
- お茶パック ················· 147
- おはぎ ······················· 158
- オレンジ ····················· 84

か

- かき ··························· 87
- かじき ························ 114
- かつおぶし ················· 146
- かぶ ··························· 54
- かぼちゃ ····················· 40
- かまぼこ ····················· 127
- カリフラワー ··············· 57
- カレールウ ················· 143
- 乾麺 ··························· 150
- キウイフルーツ ··········· 85
- きのこ ························ 66
- キャベツ ····················· 26
- 牛厚切り肉（カルビ肉・すね肉） ··························· 101
- 牛こま切れ肉 ············· 100
- 牛乳 ··························· 134
- 牛・豚ひき肉 ············· 96
- きゅうり ····················· 58
- ぎょうざの皮・春巻きの皮 ······ 154
- 切り干し大根 ············· 79
- 切り餅 ······················· 154
- グリーンピース ··········· 65
- グレープフルーツ ········ 84
- ケーキ ························ 156
- 高野豆腐 ···················· 137
- コーヒー（インスタント・レギュラー） ·············· 147
- ゴーヤ ························ 59
- 小ねぎ ························ 70
- ごぼう ························ 48
- ごま ··························· 145
- 小松菜 ······················· 36
- 小麦粉 ······················· 155
- 米・ごはん ················· 148
- こんにゃく ················· 139

さ

- さけ ··························· 113
- さつま揚げ ················· 128
- さつまいも ················· 42
- 里いも ······················· 43
- 砂糖 ··························· 140
- さば ··························· 117
- さやいんげん ············· 63
- さやえんどう ············· 63
- サラダ油 ····················· 142
- さんま ························ 111
- 塩 ······························ 140
- ししゃも ····················· 125
- しじみ ························ 122
- シチュールウ（フレーク状） ······ 143
- じゃがいも ················· 38
- ジャム ························ 146
- しょうが ····················· 72
- しょうゆ ····················· 140
- 食パン ······················· 152
- しらす干し ················· 126
- シリアル ····················· 153
- 酢 ······························ 141
- すいか ························ 86
- スナップえんどう ········ 65
- スパイス（粉・ホール） ······ 145
- ゼリー ························ 159
- セロリ ························ 61
- ソース ························ 144
- ソーセージ ················· 105
- そら豆 ························ 64

た

- 大根 ··························· 52
- 大豆 ··························· 138
- たけのこ（水煮） ········· 68
- 卵 ······························ 130
- 玉ねぎ ······················· 32
- たら ··························· 115
- たらこ ························ 124
- チーズ ························ 132
- ちくわ ························ 128
- 茶葉 ··························· 147
- 中華蒸し麺 ················· 149
- チューブの薬味 ··········· 144
- ちりめんじゃこ ··········· 126
- チンゲン菜 ················· 37
- 粒マスタード ············· 143
- 豆腐 ··························· 136
- ドーナッツ ················· 159
- とびっこ ····················· 123
- トマト ························ 50
- トマトケチャップ ········ 142

どら焼き	158
鶏ささみ肉	102
鶏手羽先・手羽元	103
鶏ひき肉	97
鶏むね肉	93
鶏もも肉	92
鶏レバー	104
ドレッシング	144

な

長ねぎ	70
なし	87
なす	55
ナッツ	145
納豆	139
生クリーム	134
生ハム	105
生麺	150
にぼし	146
にんじん	30
にんにく	71
練りきり	158

は

パイナップル	88
白菜	28
パクチー	75
バジル	76
パセリ	74
バター	135
はちみつ	142
バナナ	85
パプリカ	56
ハム	105
パン粉	155
ピーナッツバター	146
ピーマン	56
ひじき	78
豚厚切り肉	99
豚薄切り肉	94
豚かたまり肉	98
豚こま切れ肉	95

ぶどう	88
フランスパン	152
ぶり	116
プリン	159
ブルーベリー	89
ブロッコリー	57
粉末だし	141
ベーコン	105
ほうれん草	34
ほたて	122
ホットケーキ	153

ま

マーガリン	135
まぐろのさく	118
マヨネーズ	142
まんじゅう	158
みかん	84
みそ	140
みつば	74
みょうが	73
みりん	141
ミント	77
メロン	86
明太子	124
もやし	69

や

焼き肉のたれ	144
山いも	44
ゆず	83
ゆでだこ	121
ヨーグルト	133

ら

ラズベリー	89
料理酒	141
りんご	81
レモン	82
レモン果汁	143
れんこん	45
ローズマリー	77

目的別

そのまま

アスパラガス	60
いちご	80
えび	120
オクラ	62
かじき	114
かぶ	54
かぼちゃ	40
カリフラワー	57
きのこ	66
キャベツ	26
牛厚切り肉(カルビ肉・すね肉)	101
牛こま切れ肉	100
牛・豚ひき肉	96
きゅうり	58
切り干し大根	79
ゴーヤ	59
小ねぎ	70
ごぼう	48
小松菜	36
米	148
さけ	113
さつまいも	42
里いも	43
さば	117
さやいんげん	63
さやえんどう	63
じゃがいも	38
しょうが	72
食パン	152
セロリ	61
大根	52
たけのこ(水煮)	68
卵	130
玉ねぎ	32
たら	115
たらこ	124

チンゲン菜	37
トマト	50
鶏ささみ肉	102
鶏手羽先・手羽元	103
鶏ひき肉	97
鶏もも肉	92
長ねぎ	70
なす	55
にんじん	30
にんにく	71
白菜	28
パプリカ	56
ピーマン	56
ひじき	78
豚厚切り肉	99
豚薄切り肉	94
豚こま切れ肉	95
フランスパン	152
ブロッコリー	57
ぶり	116
ほうれん草	34
まぐろのさく	118
みょうが	73
明太子	124
もやし	69
山いも	44
ゆず	83
ヨーグルト	133
りんご	81
レモン	82
れんこん	45

長持ち

あさり	122
あじ	110
アスパラガス	60
いか	119
いちご	80
いわし	112
えび	120
オクラ	62
かぶ	54
かぼちゃ	40
カリフラワー	57
きのこ	66
キャベツ	26
きゅうり	58
切り干し大根	79
ゴーヤ	59
小ねぎ	70
ごぼう	48
小松菜	36
さつまいも	42
里いも	43
さやいんげん	63
さやえんどう	63
さんま	111
しじみ	122
じゃがいも	38
しょうが	72
食パン	152
セロリ	61
大根	52
たけのこ（水煮）	68
卵	130
玉ねぎ	32
たらこ	124
チンゲン菜	37
トマト	50
鶏むね肉	93
鶏もも肉	92
鶏レバー	104
長ねぎ	70
なす	55
にんじん	30
にんにく	71
白菜	28
バジル	76
パプリカ	56
ピーマン	56
ひじき	78
豚かたまり肉	98
フランスパン	152
ブロッコリー	57
ほうれん草	34
ほたて	122
みょうが	73
ミント	77
明太子	124
もやし	69
山いも	44
ゆず	83
ゆでだこ	121
ヨーグルト	133
りんご	81
レモン	82
れんこん	45
ローズマリー	77

味つけ

いか	119
いわし	112
えび	120
かじき	114
牛厚切り肉（カルビ肉・すね肉）	101
牛こま切れ肉	100
牛・豚ひき肉	96
さけ	113
さば	117
さんま	111
たら	115
鶏ささみ肉	102
鶏手羽先・手羽元	103
鶏ひき肉	97
鶏むね肉	93
鶏もも肉	92
鶏レバー	104
豚厚切り肉	99
豚薄切り肉	94
豚かたまり肉	98
豚こま切れ肉	95
ぶり	116
ほたて	122

まぐろのさく ……………… 118

すぐ食べ

あさり ……………………… 122
あじ ………………………… 110
アスパラガス ………………… 60
いちご ………………………… 80
いわし ……………………… 112
オクラ ………………………… 62
かぶ …………………………… 54
かぼちゃ ……………………… 41
カリフラワー ………………… 57
きのこ ………………………… 67
キャベツ ……………………… 27
牛厚切り肉（すね肉）……… 101
牛・豚ひき肉 ………………… 96
きゅうり ……………………… 58
切り干し大根 ………………… 79
ゴーヤ ………………………… 59
ごはん ……………………… 148
ごぼう ………………………… 49
小松菜 ………………………… 36
さけ ………………………… 113
さつまいも …………………… 42
里いも ………………………… 43
さば ………………………… 117
さやいんげん ………………… 63
さんま ……………………… 111
じゃがいも …………………… 39
しょうが ……………………… 72
セロリ ………………………… 61
大根 …………………………… 53
たけのこ（水煮）……………… 68
卵 …………………………… 131
玉ねぎ ………………………… 33
たらこ ……………………… 124
チンゲン菜 …………………… 37
トマト ………………………… 51
鶏ささみ肉 ………………… 102
鶏手羽先・手羽元 ………… 103
鶏ひき肉 ……………………… 97

鶏むね肉 ……………………… 93
鶏レバー …………………… 104
長ねぎ ………………………… 70
なす …………………………… 55
にんじん ……………………… 31
にんにく ……………………… 71
白菜 …………………………… 29
バジル ………………………… 76
パプリカ ……………………… 56
ピーマン ……………………… 56
ひじき ………………………… 78
ブロッコリー ………………… 57
ほうれん草 …………………… 35
みょうが ……………………… 73
ミント ………………………… 77
明太子 ……………………… 124
もやし ………………………… 69
山いも ………………………… 44
ゆず …………………………… 83
ゆでだこ …………………… 121
りんご ………………………… 81
レモン ………………………… 82
れんこん ……………………… 45
ローズマリー ………………… 77

料理

揚げじゃこ ………………… 160
かきのオイル漬け ………… 163
カリカリキャラメル大学いも … 109
きんぴらごぼう …………… 106
根菜ミックス ……………… 129
昆布の佃煮 ………………… 161
ささみといんげんのバジルソース
　……………………………… 151
自家製コンビーフ ………… 162
自家製ツナ ………………… 162
たらの蒸しものミックス …… 129
中華丼の素 ………………… 107
チンしてビビンバ ………… 108

トマトケチャップ ………… 164
トマトとなすのミートソース … 151
ドライトマトとクリームチーズの
　オイル漬け ……………… 163
肉野菜炒めミックス ……… 129
残り野菜ミックス ………… 129
のり弁 ……………………… 108
パイナップルシャーベット … 90
福神漬け …………………… 161
フルーツサンド …………… 109
フルーツトライフル ………… 91
干しきのことごぼうの
　炊き込みごはん …………… 47
干しにんじんとごぼうの
　ツナポン炒め ……………… 47
マッシュルームとえびの
　クリームソース ………… 151
丸ごとりんごのコンポート … 165
マンゴーシェイク …………… 91
ミートボールの甘酢あん … 106
みかんこしょう …………… 164
ミックスきのこなめたけ … 160
ミルクジャム ……………… 165
もっちりおからの炒り煮 …… 107
桃とクリームチーズのカナッペ … 90

料理・スタイリング	内山由香（食のスタジオ）、矢島南弥子、栗田美香
撮影	山下千絵
写真提供	Getty Images
イラスト	角 裕美
デザイン・DTP	齋藤彩子
校正	草樹社
編集協力	高裕善　奈良部麻衣　矢川咲恵（食のスタジオ）、村山千春、森下紗綾香

おいしさ長持ち！食品保存の便利BOOK

2018年7月5日発行　第1版

編　者	食のスタジオ［しょくのすたじお］
発行者	若松和紀
発行所	株式会社 西東社 〒113-0034　東京都文京区湯島2-3-13 http://www.seitosha.co.jp/ 営業　03-5800-3120 編集　03-5800-3121〔お問い合わせ用〕 ※本書に記載のない内容のご質問や著者等の連絡先につきましては、お答えできかねます。

落丁・乱丁本は、小社「営業」宛にご送付ください。送料小社負担にてお取り替えいたします。
本書の内容の一部あるいは全部を無断で複製（コピー・データファイル化すること）、転載（ウェブサイト・ブログ等の電子メディアも含む）することは、法律で認められた場合を除き、著作者及び出版社の権利を侵害することになります。代行業者等の第三者に依頼して本書を電子データ化することも認められておりません。

ISBN 978-4-7916-2665-6